Os cristãos e a queda de Roma

EDWARD GIBBON nasceu em Putney, Inglaterra, em 1737. É autor de *Declínio e queda do Império Romano*, publicado em seis volumes, entre 1776 e 1778. Uma das mais importantes obras da historiografia universal, o conjunto é um estudo fundamental sobre o Império Romano e as causas de sua ruína. Morreu em Londres, em 1794.

JOSÉ PAULO PAES nasceu em Taquaritinga, interior de São Paulo, em 1926. Estudou química industrial em Curitiba, onde publicou seu primeiro livro de poemas, *O aluno*, em 1947. Lançou mais de dez livros de poesia e foi colaborador regular na imprensa literária. Destacou-se também como ensaísta e tradutor. Morreu em São Paulo, em 1998.

DONALDSON M. GARSCHAGEN nasceu em Cachoeiro de Itapemirim, Espírito Santo, em 1940. Começou a traduzir em 1960. Em 1968 ingressou na Encyclopaedia Britannica do Brasil (hoje Barsa Planeta Internacional), empresa em que trabalhou até 2006, exercendo o cargo de diretor editorial da *Enciclopédia Barsa*.

Edward Gibbon

Os cristãos
e a queda de Roma

Tradução de
JOSÉ PAULO PAES
DONALDSON M. GARSCHAGEN

Notas suplementares de
JOSÉ PAULO PAES

2ª *reimpressão*

COMPANHIA DAS LETRAS

Copyright da tradução e notas suplementares © 2008 e 2012
by espólio de José Paulo Paes

Penguin and the associated logo and trade dress are registered
and/or unregistered trademarks of Penguin Books Limited and/or
Penguin Group (USA) Inc. Used with permission.

Published by Companhia das Letras in association with
Penguin Group (USA) Inc.

*Grafia atualizada segundo o Acordo Ortográfico da Língua
Portuguesa de 1990, que entrou em vigor no Brasil em 2009.*

TÍTULO ORIGINAL
The Christians and the fall of Rome
"The progress of the Christian religion, and the sentiments, manners,
numbers, and condition, of the primitive Christians"
[Capítulos 15 e 16 do original *Decline and fall of the Roman Empire*.]

PROJETO GRÁFICO PENGUIN-COMPANHIA
Raul Loureiro, Claudia Warrak

PREPARAÇÃO
Fernanda Windholz

REVISÃO
Jane Pessoa
Renata Del Nero

Dados Internacionais de Catalogação na Publicação (CIP)
(Câmara Brasileira do Livro, SP, Brasil)

Gibbon, Edward, 1737-1794.
    Os cristãos e a queda de Roma / Edward Gibbon ; tradu-
ção de José Paulo Paes e Donaldson M. Garschagen ; notas suplementares de José Paulo Paes — 1ª ed. — São Paulo : Penguin
Classics Companhia das Letras, 2012.

    Título original : The Christians and the fall of Rome.
    ISBN 978-85-63560-48-3

    1. História da Igreja – Igreja primitiva, ca. 30-600 2.
Roma – História – Império, 284-476. Obras anteriores à 1800
I. Paes, José Paulo II. Título.

12-06135   CDD-270.1

Índice para catálogo sistemático:
1. Cristãos e a queda de Roma : História 270.1

[2022]
Todos os direitos desta edição reservados à
EDITORA SCHWARCZ S.A.
Rua Bandeira Paulista, 702, cj. 32
04532-002 — São Paulo — SP
Telefone: (11) 3707-3500
www.penguincompanhia.com.br
www.companhiadasletras.com.br
www.blogdacompanhia.com.br

Os cristãos
e a queda de Roma

O avanço da religião cristã e os sentimentos, costumes, número e condição dos cristãos primitivos

Um exame franco mas judicioso do avanço e estabelecimento do cristianismo pode ser considerado parte deveras essencial da história do Império Romano. Enquanto esse grande organismo era invadido pela violência sem freios ou minado pela lenta decadência, uma religião pura e humilde foi brandamente se insinuando na mente dos homens, crescendo no silêncio e na obscuridade; da oposição, tirou ela novo vigor para finalmente erguer a bandeira triunfante da Cruz por sobre as ruínas do Capitólio. Mas a influência do cristianismo não se confinou ao período ou aos limites do Império Romano. Após terem se passado treze ou catorze séculos, essa religião é ainda professada pelas nações da Europa, a mais destacada parte da humanidade no que respeita às artes e ao saber, tanto quanto às armas. Pela diligência e o zelo dos europeus ela se difundiu amplamente até os mais distantes rincões da Ásia e da África, e através de colônias europeias se estabeleceu firmemente do Canadá ao Chile, num mundo desconhecido dos antigos.

Tal exame, todavia, por mais útil ou recreativo que seja, depara com duas dificuldades peculiares. Os minguados e suspeitos elementos de informação propiciados pela história eclesiástica raramente nos possibilitam desfazer a nuvem escura que pesa sobre os primórdios da Igreja. A grande lei da imparcialidade nos obriga com frequência, outrossim, a revelar as imperfeições dos insípidos mestres

e crentes do Evangelho; e, para um observador descuido-
so, os defeitos *deles* parecem lançar uma sombra sobre a
fé que professavam. Mas o escândalo do cristão piedoso
e o falaz triunfo do infiel devem ter fim tão logo se dispo-
nham a lembrar não apenas *por quem*, mas igualmente *a
quem*, foi dada a Revelação Divina. O teólogo pode bem
se comprazer na deleitosa tarefa de descrever a religião des-
cendo do céu revestida de sua pureza natural. Ao historiador compete um encargo mais melancólico. Cumpre-lhe
descobrir a inevitável mistura de erro e corrupção por ela
contraída numa longa residência sobre a Terra, em meio a
uma raça de seres débeis e degenerados.

Nossa curiosidade é naturalmente impelida a perguntar por que meios obteve a fé cristã vitória tão notável sobre as religiões estabelecidas do mundo. A tal indagação
se pode dar uma resposta óbvia mas satisfatória, de que
foi graças à convincente evidência da própria doutrina e à
divina providência de seu grande Autor. Entretanto, como
a verdade e a razão raras vezes têm recepção favorável no
mundo, e como a sabedoria da Providência condescende
frequentemente em fazer das paixões do coração humano
e das circunstâncias gerais da humanidade os instrumentos com que executa o seu propósito, seja-nos ainda permitido perguntar (embora com a devida humildade), não
em verdade quais as primeiras, e sim as segundas causas
do rápido desenvolvimento da Igreja cristã. Ao que parece, foi ele favorecido e assistido, de modo efetivo, pelas
cinco causas seguintes: I. O inflexível zelo e, se nos é permitido usar tal expressão, a intolerância dos cristãos —
derivada, em verdade, da religião judaica, mas purificada
pelo espírito acanhado e antissocial que, em vez de atrair,
dissuadiu os gentios de abraçar a lei de Moisés. II. A doutrina de uma vida futura, valorizada por toda e qualquer
circunstância ocasional que pudesse dar peso e eficácia
a essa importante verdade. III. Os poderes miraculosos
atribuídos à Igreja primitiva. IV. A pura e austera mora-

lidade dos cristãos. v. A união e a disciplina da república cristã, que formou aos poucos um Estado independente que se desenvolveu no coração do Império Romano.

I. O ZELO DOS CRISTÃOS. Já tivemos ocasião de descrever a harmonia religiosa do mundo antigo e a facilidade com que as nações mais diversas, e mesmo hostis, abraçavam, ou pelo menos respeitavam, as superstições umas das outras. Um só povo se recusou a partilhar desse intercâmbio comum da humanidade. Os judeus, que durante as monarquias assíria e persa haviam definhado por longo tempo na condição de seus mais desprezíveis escravos, emergiram da obscuridade sob os sucessores de Alexandre; e como se multiplicaram em grau surpreendente primeiro no Oriente, depois no Ocidente, logo suscitaram a curiosidade e o espanto de outras nações. A casmurra obstinação com que mantinham seus ritos peculiares e suas maneiras antissociais parecia assinalá-los como uma espécie diferente de homens, que audazmente professavam ou que mal escondiam sua implacável aversão ao resto da raça humana. Nem a violência de Antíoco, nem as artimanhas de Herodes, nem o exemplo das nações circunvizinhas puderam jamais persuadir os judeus a combinar as instituições de Moisés com a elegante mitologia dos gregos.[1]

Em conformidade com as máximas da tolerância universal, os romanos protegeram uma superstição que des-

---

1 Integrantes de uma seita judaica, que se permitiam uma espécie de conformidade ocasional, adotaram o nome de herodianos, derivado de Herodes, cujo exemplo e autoridade os seduzira. No entanto, o número de seus membros era tão exíguo, e tão breve foi sua duração que Josefo não os considerou dignos de menção. [As notas numeradas são do autor, as indicadas com asterisco, do tradutor José Paulo Paes.]

prezavam. O civilizado Augusto condescendeu em dar ordens de que sacrifícios em prol de sua prosperidade fossem feitos no templo de Jerusalém, ao passo que o mais insignificante dos pósteros de Abraão que houvesse prestado a mesma homenagem ao Júpiter do Capitólio teria sido objeto de abominação por parte de si mesmo e de seus irmãos. Mas a moderação dos conquistadores não foi o bastante para acalmar os zelosos preconceitos de seus súditos, os quais se alarmavam e escandalizavam com as insígnias de paganismo que necessariamente se introduziam numa província romana. A desatinada tentativa de Calígula de colocar sua própria estátua no templo de Jerusalém foi impossibilitada pela resolução unânime de um povo que temia menos a morte do que tal profanação idólatra.[2] Seu apego à lei de Moisés igualava seu ódio pelas religiões estrangeiras. A corrente do zelo e da devoção religiosa, por correr num canal estreito, despenhou-se com a força e às vezes com a fúria de uma torrente.

Essa inflexível perseverança, que parecia tão odiosa ou tão ridícula ao mundo antigo, assume caráter ainda mais terrível pelo fato de a Providência ter se dignado a revelar-nos a misteriosa história do povo eleito. Mas o apego devoto e mesmo escrupuloso à religião mosaica, tão patente entre os judeus que viveram na época do segundo templo, torna-se ainda mais surpreendente se a compararmos à teimosa incredulidade de seus avoengos. Embora a lei lhes tivesse sido dada entre trovões no monte Sinai, e as marés do oceano e o curso dos planetas se suspendessem para a conveniência dos

---

2 Filo e Josefo fizeram desse incidente um relato minuciosíssimo, porém muito retórico, que causou enorme admiração ao governador da Síria. À primeira menção dessa proposta idólatra, o rei Agripa desfaleceu e só recobrou os sentidos dois dias depois.

israelitas, e castigos e recompensas temporais fossem as consequências imediatas de sua piedade ou desobediência, eles voltavam sempre a rebelar-se contra a majestade visível de seu Rei Divino, a colocar os ídolos das nações no santuário de Jeová e a imitar todas as cerimônias fantásticas que eram praticadas nas tendas dos árabes ou nas cidades da Fenícia. Por ter sido a proteção do céu merecidamente retirada dessa raça ingrata, sua fé adquiriu um grau proporcional de vigor e pureza. Os contemporâneos de Moisés e Josué haviam assistido com descuidosa indiferença aos milagres mais surpreendentes. Sob a pressão de tantas calamidades, a crença nesses milagres preservou os judeus de um período ulterior do contágio universal da idolatria; e em contradição com todos os princípios conhecidos do espírito humano, esse povo singular parece ter dado mais pronta e mais vigorosa aquiescência às tradições de seus remotos antepassados do que à evidência de seus próprios sentidos.[3]

A religião judaica se adequava admiravelmente à defesa, mas nunca à conquista; e é provável que o número de seus prosélitos nunca tivesse sido muito superior ao dos seus apóstatas. As promessas divinas foram feitas originariamente a uma única família, à qual foi imposto o rito distintivo da circuncisão. Quando a posteridade de Abraão se multiplicou como as areias do mar, a Deidade, de cuja boca ela recebera um sistema de leis e cerimônias, declarou-se o Deus privativo e por assim dizer nacional de Israel, e com o mais zeloso dos cuidados separou seu povo favorito do restante da humanidade. A conquista da terra de Canaã se fez acompanhar de tantos acontecimentos prodigiosos e de tantas circunstân-

---

3 "Até quando me provocará esse povo? E até quando recusará crer em mim por todos os sinais que fiz no meio deles?" (Números 14:11). Seria facílimo, mas impróprio, justificar a queixa da Divindade com base em todo o teor da história mosaica.

cias sangrentas que os judeus vitoriosos foram deixados num estado de irreconciliável hostilidade para com todos os seus vizinhos. Haviam recebido ordens de exterminar algumas das tribos mais idólatras, e a execução da vontade divina raras vezes terá sido retardada pela fraqueza humanitária. Era-lhes proibido contrair casamento ou alianças com outras nações; e a proibição de recebê-las na congregação, em certos casos perpétua, quase sempre se estendia à terceira, à sétima ou até à décima geração. A obrigação de pregar a fé de Moisés jamais fora inculcada como preceito da lei e tampouco inclinavam-se os judeus a impô-la como dever voluntário a si mesmos. No tocante à admissão de novos cidadãos, esse povo antissocial seguia antes a vaidade egocêntrica dos gregos que a política generosa de Roma. Os descendentes de Abraão lisonjeavam-se com a ideia de que somente eles eram herdeiros da aliança e temiam apequenar o valor de sua herança dividindo-a com excessiva prodigalidade com forasteiros. Maiores relações com a humanidade ampliavam-lhes o saber sem corrigir seus preconceitos; e sempre que o Deus de Israel adquiria novos devotos, tornava-se muito mais devedor do humor inconstante do politeísmo que do zelo ativo de seus próprios missionários. A religião de Moisés parece ter sido instituída para um território determinado, assim como para uma única nação; e se uma obediência absoluta tivesse sido prestada à ordem de que todo varão, três vezes ao ano, se apresentasse ante o Senhor Jeová, teria sido impossível aos judeus propagarem-se além dos limites restritos da terra prometida. Na verdade, tal entrave foi removido pela destruição do templo de Jerusalém, mas a maior parte da religião judaica foi atingida por essa destruição; e os pagãos, que de longa data se assombravam com os relatos sobre um santuário vazio, não logravam imaginar qual seria a finalidade, ou quais seriam os instrumentos, de um culto a que faltavam templos e altares, sacerdotes e sacrifícios. No entanto, mesmo em seu estado decaído, os judeus, afirmando ainda seus privilégios elevados e exclusivos, evitavam a companhia de ádvenas, ao invés de procurá-la. Insistiam ainda, com rigor inflexível, naquelas partes da lei que estavam em seu poder praticar. Suas peculiares regras relativas a dias, alimentos e variegadas observâncias, triviais mas trabalhosas, constituíam motivos de fastio e aversão para as demais nações, a cujos hábitos e predisposições elas se opunham diametralmente. Por si só, o doloroso e até perigoso rito da circuncisão era capaz de fazer um prosélito voltar da porta da sinagoga.

Nessas circunstâncias, o cristianismo se oferecia ao mundo armado da força da lei mosaica e liberto do peso de suas cadeias. Uma dedicação exclusiva à verdade da religião e à unidade de Deus era cuidadosamente inculcada tanto no novo quanto no antigo sistema; e o que quer que fosse agora revelado à humanidade no tocante à natureza e aos desígnios do Ser Supremo era de molde a aumentar-lhe a reverência por essa misteriosa doutrina. Admitia-se a divina autoridade de Moisés e dos profetas, inclusive como a mais firme base da cristandade. Desde o princípio do mundo, uma série ininterrupta de predições anunciara e preparara a tão esperada vinda do Messias, o qual, em conformidade com a grosseira compreensão dos judeus, fora mais frequentemente representado na figura de um rei e conquistador que na de um profeta, mártir e filho de Deus. Por via de seu sacrifício expiatório, os imperfeitos sacrifícios do templo foram a um só tempo consumados e abolidos. À lei cerimonial, que consistia apenas em símbolos e figuras, sucedeu um culto espiritual e puro igualmente adaptado a todos os climas e a todas as condições humanas; a iniciação pelo sangue foi substituída pela inofensiva iniciação pela água. A promessa do favor divino, em vez de confinar-se facciosamente à posteridade de Abraão, estendeu-se universalmente ao liberto e ao escravo, ao grego e ao bárbaro, ao judeu e ao gentio. Todo privilégio que pudesse alçar o prosélito da terra ao céu, que lhe pudesse exaltar a devoção, assegurar-lhe a felicidade ou mesmo satisfazer-lhe aquele secreto orgulho que, a pretexto de devoção, se insinua no coração humano, ficava ainda reservado aos membros da Igreja cristã; ao mesmo tempo, porém, permitia-se, ou até mesmo se pedia, a toda a humanidade que aceitasse a gloriosa distinção, oferecida não como mercê mas como uma obrigação. Tornou-se o mais sagrado dever do recém-convertido difundir entre seus amigos e parentes a bênção inestimável que havia recebido e adverti-los de que uma recusa seria severamente punida como criminosa desobediência à vontade de uma Deidade benevolente mas todo-poderosa.

A libertação da Igreja das cadeias da sinagoga se constituía, porém, numa tarefa algo demorada e algo difícil. Os judeus convertidos, que reconheciam Jesus como o Messias profetizado por seus antigos oráculos, respeitavam-no como um mestre profético de virtude e de religião, mas apegavam-se obstinadamente às cerimônias de seus antepassados e se mostravam desejosos de impô-las aos gentios que vinham continuamente aumentar o número de crentes. Esses cristãos judaizantes parecem ter alegado com certo grau de plausibilidade a origem divina da lei mosaica e as imutáveis perfeições de seu grande Autor. Afirmavam *que* se um Ser que é o mesmo através de toda a eternidade pretendesse abolir esses ritos sagrados que têm servido para distinguir seu povo eleito, a rejeição deles não teria sido menos clara e solene do que sua promulgação primeira; *que*, em vez dessas frequentes declarações que ou supõem ou afirmam a perpetuidade da religião mosaica, ela teria sido representada como um esquema provisório destinado a durar só até o advento do Messias, o qual instruiria a humanidade acerca de um sistema mais perfeito de fé e de culto; *que* o próprio Messias, e seus discípulos, que com ele haviam convivido na Terra, em vez de autorizarem por seu exemplo os mais minuciosos ritos da lei mosaica, teriam proclamado ao mundo a abolição dessas cerimônias supérfluas e obsoletas, para não permitir que a cristandade permanecesse durante tantos anos obscuramente confundida com as seitas da Igreja judaica. Argumentos como esses parecem ter sido usados na defesa da causa agonizante da lei mosaica; todavia, a diligência de nossos doutos teólogos explicou abundantemente a linguagem ambígua do Velho Testamento e a ambígua conduta dos mestres apostólicos. Era de toda conveniência revelar aos poucos o sistema do Evangelho e pronunciar com a maior cautela e brandura uma sentença condenatória tão repugnante à inclinação e aos preconceitos do crente judeu.

A história da Igreja de Jerusalém proporciona uma prova vívida da necessidade dessas precauções e da impressão profunda que a religião judaica deixara na mente de seus seguidores. Os quinze primeiros bispos de Jerusalém eram, todos eles, judeus circuncidados; e a congregação que presidiam fundia a lei de Moisés com a doutrina de Cristo. Era natural que a tradição primitiva de uma igreja fundada apenas quarenta dias após a morte de Cristo, e que foi governada durante quase outros tantos anos sob a inspeção direta de seus apóstolos, fosse recebida como o padrão da ortodoxia. Muito amiúde, as igrejas distantes apelavam para a autoridade de sua venerável igreja-mãe e aliviavam-lhe as dificuldades com uma generosa contribuição em donativos. No entanto, quando sociedades numerosas e opulentas se formaram nas grandes cidades do império, em Antioquia, Alexandria, Éfeso, Corinto e Roma, a reverência que todas as colônias cristãs antes sentiam por Jerusalém aos poucos diminuiu. Os conversos judeus, ou, como seriam depois chamados, os nazarenos, que haviam lançado os alicerces da igreja, logo se viram assoberbados pelas crescentes multidões que, provenientes de todas as várias religiões politeístas, abraçavam a bandeira de Cristo; e os gentios, que, com a aprovação de seu singular apóstolo, haviam rejeitado o peso insuportável do cerimonial mosaico, por fim recusaram a seus irmãos mais meticulosos a mesma tolerância que de início haviam desejado para sua própria prática. Os nazarenos sentiram intensamente a decadência do templo, da cidade e da religião pública dos judeus; isso porque, em seu comportamento, ainda que não em sua fé, mantinham uma ligação muito íntima com seus conterrâneos ímpios, cujas desventuras os pagãos atribuíam ao desprezo, e os cristãos, com mais correção, à cólera da Deidade Suprema. Os nazarenos retiraram-se das ruínas de Jerusalém, buscando a vila de Pela, além do Jordão, onde a vetusta religião languesceu, ao longo de mais de sessenta anos, em solidão e obscuridade.[4] Desfrutavam ainda do consolo de fazer visitas frequentes e devotas à *Cidade Santa*, e da esperança de que um dia lhes fossem devolvidos aqueles locais que tanto a natureza quanto a religião lhes ensinava a amar e também a reverenciar. Por fim, porém, no reinado de Adriano, o fanatismo trágico dos judeus encheu a medida de suas calamidades, e os romanos, exasperados com suas repetidas rebeliões, exerceram o direito de vitória com inusitado rigor. Em monte Sião, o imperador fundou uma nova cidade, Ælia Capitolina, a que concedeu privilégios de colônia, e proclamando penas severíssimas a qualquer judeu que ousasse aproximar-se dela, mandou para lá uma coorte romana a fim de fazer cumprir

---

4 Durante esse afastamento temporário, o bispo e a igreja de Pela conservaram o título de Jerusalém. Da mesma forma, os pontífices romanos residiram setenta anos em Avignon; e os patriarcas de Alexandria há muito transferiram sua sé episcopal para o Cairo.

OS CRISTÃOS E A QUEDA DE ROMA

suas ordens. Só restava aos nazarenos uma forma de fugir à proscrição geral, e a força da verdade foi, nesse transe, ajudada pela influência de vantagens materiais. Como bispo, elegeram Marcos, um prelado da raça dos gentios, muito provavelmente nativo da Itália ou de alguma das províncias latinas. Persuadida por ele, a maior parte da congregação renunciou à lei mosaica, em cuja prática havia perseverado por mais de um século. Graças a esse sacrifício de hábitos e preconceitos, adquiriram livre ingresso à colônia de Adriano e cimentaram mais firmemente sua união com a Igreja Católica.

Devolvidos o nome e as honras da Igreja de Jerusalém ao monte Sião, os crimes de heresia e cisma foram imputados ao remanescente obscuro dos nazarenos, que se recusava a acompanhar seu bispo latino. Preservavam ainda o antigo núcleo de Pela, espalharam-se para os povoados próximos a Damasco e fundaram uma pequena igreja na cidade de Boreia ou, como hoje se chama, Alepo, na Síria. O nome de nazarenos era tido como demasiado honroso para esses judeus-cristãos, que não tardaram a ganhar, em vista da suposta precariedade de seus conhecimentos, assim como de sua condição, o desdenhoso epíteto de ebionitas. Em poucos anos, após a volta da Igreja para Jerusalém, tornou-se questão de dúvida e controvérsia se um homem que sinceramente reconhecia Jesus como o Messias, mas que ainda continuava a observar a lei de Moisés, tinha como esperar a salvação. O ânimo compassivo de Justino Mártir o predispunha a uma resposta positiva; e embora se expressasse com extrema cautela, arriscou-se a opinar a favor desse cristão imperfeito, que se satisfazia em praticar as cerimônias mosaicas, sem a intenção de afirmar serem convenientes ou necessárias para todos. Contudo, quando instado a declarar o sentimento da igreja, Justino admitiu que havia muitos, entre os cristãos ortodoxos, que não só excluíam os irmãos judaizantes da esperança de salvação, como rejeitavam todo relacionamento com eles nas esferas comuns de amizade, hospitalidade e vida social. Como era natural esperar, a opinião mais inclemente prevaleceu sobre a mais branda; e um obstáculo perpétuo de separação foi posto entre os discípulos de Moisés e os de Cristo. Os desafortunados ebionitas,* rejeitados por uma religião como apóstatas e por outra como hereges, viram-se compelidos a assumir um papel mais claro; e conquanto alguns resíduos dessa seita obsoleta pudessem ser percebidos ainda no século IV, eles gradualmente se dissolveram na igreja ou na sinagoga.[5]

Enquanto a Igreja ortodoxa preservava um justo termo médio entre a veneração excessiva e o desprezo impróprio da lei de Moisés, as diversas seitas heréticas caíam em extremos equivalentes, mas opostos, de erro e de extravagância. Da verdade reconhecida da religião judaica, os ebionitas concluíram que ela jamais poderia ser abolida. De suas supostas imperfeições, os gnósticos prontamente inferiram que nunca havia sido instituída pela sabedoria da Deidade. Há algumas objeções à autoridade de Moisés e dos profetas que com demasiada presteza se impõem à mente cética, embora só possam resultar de nossa ignorância da antiguidade remota e

---

* Seguidores das doutrinas do heresiarca Ébion (século I d.C.), que negava a divindade de Jesus; ao mesmo tempo que se apegavam ao Velho Testamento, os ebionitas recusavam o Novo, ao qual substituíam por um Evangelho ebionita.

5 Entre todas as igrejas cristãs, a da Abissínia é a única que ainda segue os ritos mosaicos. O eunuco da rainha Candace poderia levantar algumas suspeitas, mas como há informações fidedignas de que os etíopes só foram convertidos no século IV, é mais razoável supor que guardavam o sábado e evitavam os alimentos proibidos, imitando os judeus, que, em período muito recuado, achavam-se estabelecidos em ambas as margens do mar Vermelho. Os etíopes mais antigos haviam praticado a circuncisão, por motivos de saúde e higiene.

OS CRISTÃOS E A QUEDA DE ROMA   19

de nossa incapacidade de fazer um juízo adequado da economia divina. Tais objeções foram sofregamente acolhidas e petulantemente alegadas pela fátua ciência dos gnósticos.* Como esses heréticos se opunham em sua maioria aos prazeres dos sentidos, censuravam rabugentamente a poligamia dos patriarcas, as galantarias de Davi e o serralho de Salomão. Não sabiam eles como reconciliar a conquista da terra de Canaã e o extermínio dos naturais confiantes com as noções correntes de humanidade e justiça. Mas, ao relembrar o sanguinário rol de morticínios, de execuções e de massacres que maculam quase todas as páginas dos anais judaicos, reconheciam que os bárbaros da Palestina haviam demonstrado tanta compaixão para com seus inimigos idólatras quanto a que jamais haviam mostrado a seus amigos ou compatriotas. Passando dos partidários da lei a esta propriamente dita, afirmavam ser impossível que uma religião consistente tão só de sacrifícios sangrentos e cerimônias triviais, e cujas recompensas e castigos eram todos de natureza carnal e temporal, pudesse inspirar o amor da virtude ou conter a impetuosidade da paixão. O relato mosaico da criação e da queda do homem era tratado com profana derrisão pelos gnósticos, que não suportavam ouvir falar do repouso da Deidade após seis dias de trabalho, da costela de Adão, do jardim do Éden, das árvores da vida e do conhecimento, da serpente falante, do fruto proibido e da condenação proferida contra o gênero humano pelo pecado venial de seus pais primeiros. O Deus de Israel era impiamente representa-

* Partidários do gnosticismo (do grego *gnósis*, conhecimento), movimento filosófico-religioso surgido na era helenística; sua doutrina fundamental era a de que a salvação tem de ser alcançada antes pelo conhecimento do que pela fé ou pelas obras; os cristãos primitivos de pendor gnóstico rejeitavam os fundamentos judaicos do cristianismo e o Velho Testamento.

do pelos gnósticos como um ser sujeito à paixão e ao erro, caprichoso em sua mercê, implacável em seu ressentimento, mesquinhamente cioso de adoração supersticiosa e confinando sua facciosa providência a um único povo e a esta vida transitória. Numa figura em que não conseguiam discernir nenhuma das feições do sábio e onipotente Pai do Universo.[6] Admitiam ser a religião dos judeus algo menos criminosa que a idolatria dos gentios; sua doutrina fundamental era, porém, a de que o Cristo a quem adoravam como a primeira e mais luminosa emanação da Divindade aparecera na Terra para redimir a humanidade de seus pecados e para revelar um novo sistema de verdade e perfeição. Os mais doutos dos pais da Igreja, por uma condescendência assaz estranha, imprudentemente admitiram os sofismas dos gnósticos. Reconhecendo que o sentido literal é incompatível com todos os princípios da fé, tanto quanto da razão, acreditaram-se seguros e invulneráveis atrás do amplo véu da alegoria, que cuidadosamente estenderam por sobre todas as partes frágeis da dispensação mosaica.

Já houve quem observasse, com mais engenho que veracidade, que a pureza virginal da Igreja não foi jamais violada por cisma ou heresia antes do reinado de Trajano ou de Adriano, cerca de cem anos após a morte de Cristo. Cumpre-nos observar, com muito mais propriedade, que durante tal período os discípulos do Messias desfrutaram de maior liberdade em matéria de fé e de prática do que lhes foi concedida em épocas seguintes. Com o paulatino estreitamento das condições de comunhão e

---

6 Os gnósticos mais moderados consideravam Jeová, o Criador, como um Ser de natureza intermediária entre Deus e o Demônio. Outros o confundiam com o princípio do mal. Recomendo ao leitor consultar a parte referente ao século II da história geral de Mosheim, que faz um relato muito competente, embora conciso, das estranhas teses dos gnósticos sobre a questão.

OS CRISTÃOS E A QUEDA DE ROMA
21

com o exercício cada vez mais rigoroso da autoridade espiritual pelo partido dominante, muitos de seus adeptos mais respeitáveis, instados a renegar suas ideias, foram induzidos a afirmar suas opiniões pessoais, arrostar as consequências de seus princípios errôneos e desfraldar abertamente o estandarte da rebelião contra a unidade da igreja. Os gnósticos distinguiam-se como os mais refinados, os mais doutos e os mais abastados dos cristãos, e aquela designação genérica, que expressava um conhecimento superior, ou era assumida por seu próprio orgulho ou lhes era conferida ironicamente pela inveja dos adversários. Quase sem exceção, eles pertenciam à raça dos gentios, e seus principais fundadores teriam sido nativos da Síria e do Egito, onde a calidez do clima dispõe a mente e o corpo à devoção indolente e contemplativa. Os gnósticos incorporaram à fé cristã muitas doutrinas sublimes, porém obscuras, que derivavam da filosofia oriental, e até da religião de Zoroastro, concernentes à eternidade da matéria, à existência de dois princípios e à misteriosa hierarquia do mundo invisível. Tão logo lançaram-se a essas vastas profundezas, submeteram-se ao governo de uma imaginação desordenada; e sendo os caminhos do erro vários e infinitos, pouco a pouco os gnósticos dividiram-se em mais de cinquenta seitas diferentes, das quais as mais conhecidas parecem ter sido as dos basilidianos, valentinianos, marcionitas e, num período mais tardio, os maniqueus. Cada uma dessas seitas vangloriava-se de seus bispos e suas congregações, seus doutores e mártires, e, em vez dos quatro evangelhos adotados pela Igreja, os heréticos produziram grande número de histórias, nas quais os atos e os pronunciamentos de Cristo e de seus apóstolos adaptavam-se a suas respectivas doutrinas. O êxito dos gnósticos foi rápido e amplo. Cobriram a Ásia e o Egito, radicaram-se em Roma e, por vezes, penetraram nas províncias do Ocidente. Em sua maior parte, esses grupos surgiram no século II, floresceram no III e foram suprimidos no IV ou V, em virtude do predomínio de controvérsias mais modernas e pela supremacia do poder imperial. Conquanto perturbassem constantemente a paz e com frequência desacreditassem o bom nome da religião, mais ajudaram que retardaram a propagação do cristianismo. Os gentios convertidos, cujas maiores objeções e preconceitos voltavam-se contra a lei de Moisés, eram admitidos em muitas sociedades cristãs, que não requeriam de seu intelecto inculto nenhuma crença numa revelação antecedente. Aos poucos sua fé se fortaleceu e se dilatou, e, no fim das contas, a Igreja viu-se beneficiada pelas conquistas de seus mais antigos inimigos.[7]

Mas fosse qual fosse a diferença de opinião que pudesse haver entre os ortodoxos, os ebionitas e os gnósticos no tocante à divindade ou à obrigatoriedade da lei mosaica, animava-os a todos o mesmo ardor exclusivista e a mesma aversão pela idolatria que haviam distinguido os judeus das outras nações do mundo antigo. O filósofo que considerava o sistema do politeísmo como uma combinação de fraude e erro humanos podia ocultar um sorriso de desprezo por sob a máscara da devoção, sem temer que a zombaria ou a submissão o expusesse ao ressentimento de quaisquer poderes invisíveis ou, tal como os concebia, imaginários. Mas as religiões pagãs estabelecidas eram vistas, pelos cristãos primitivos, sob luz muito mais odiosa e temível. No modo de ver tanto da Igreja quanto dos heréticos, os demônios eram os autores, os patronos e os objetos da idolatria. Permitia-se a esses espíritos rebeldes, decaídos das hostes dos anjos e atirados às profundezas infernais, vaguear pela Terra, atormentar os corpos e seduzir a mente dos homens

---

7 Agostinho é um exemplo memorável desse progresso gradual, da razão para a fé. Durante vários anos ele militou na seita maniqueísta.

OS CRISTÃOS E A QUEDA DE ROMA

pecaminosos. Os demônios não tardaram a descobrir, e dele abusar, o natural pendor do coração humano para a devoção; ardilosamente desviando a adoração da humanidade do seu Criador, usurparam o lugar e as honras da Divindade Suprema. Com triunfar em seus ardis malignos, a um só tempo satisfaziam a vaidade e a sede de vingança e obtinham a única satisfação a que ainda eram suscetíveis, a esperança de fazer a espécie humana participar de sua culpa e ignomínia. Admitia-se, ou pelo menos imaginava-se, que os demônios haviam distribuído entre si os caracteres mais importantes do politeísmo, um assumindo o nome e os atributos de Júpiter, outro os de Esculápio, um terceiro os de Vênus e um quarto talvez os de Apolo;[8] graças a sua longa experiência e natureza etérea, estavam capacitados a executar com suficiente destreza e dignidade os papéis que tinham assumido. Emboscavam-se nos templos, instituíam festivais e sacrifícios, inventavam fábulas e pronunciavam oráculos, sendo-lhes dado amiúde realizar milagres. Os cristãos, que pela mediação de mais espíritos podiam explicar de imediato toda ocorrência aparentemente sobrenatural, mostravam disposição e até desejo de admitir as mais extravagantes ficções da mitologia pagã. Mas sua crença andava acompanhada de horror. Consideravam a mais trivial indicação de respeito para com o culto nacional uma homenagem direta ao demônio e um ato de rebelião contra a majestade de Deus.

Corolário dessa opinião, era o primeiro mas árduo dever do cristão manter-se puro e inconspurcado no tocante à prática de idolatria. A religião das nações não se constituía apenas numa doutrina especulativa professada nas escolas ou pregada nos templos. As inumeráveis deidades e ritos do politeísmo estavam intimamente liga-

8 Afirma Tertuliano que os próprios demônios se confessavam sempre que eram atormentados pelos exorcistas cristãos.

dos a todas as circunstâncias de trabalho ou de prazer da vida pública ou privada, e parecia impossível furtar-se à observância deles sem ao mesmo tempo renunciar ao intercurso humano e a todas as ocupações e entretenimentos da sociedade. As importantes negociações de paz e de guerra eram preparadas ou concluídas com sacrifícios solenes, cabendo ao magistrado, ao senador e ao soldado presidi-los ou deles participar.[9] Os espetáculos públicos constituíam parte essencial da prazenteira devoção dos pagãos e cumpria aos deuses aceitar como a mais grata das oferendas os jogos que o príncipe e o povo celebravam em honra de seus festivais privativos. O cristão que, com piedoso horror, evitava a abominação do circo ou do teatro, via-se cercado de armadilhas infernais em todos os entretenimentos convivais cada vez que seus amigos, invocando os deuses da hospitalidade, vertiam libações à felicidade uns dos outros.[10] Quando a noiva, resistindo com relutância bem fingida, era forçada, nos ritos matrimoniais, a transpor o umbral de sua nova habitação, ou quando a lutuosa procissão se adiantava a passo lento em direção à pira funerária, o cristão se via obrigado a desertar nessas ocasiões as pessoas que lhe fossem mais caras para não inquinar-se da culpa inerente a tais cerimônias ímpias. Toda ocupação ou arte que tivesse o mínimo a ver com a construção e ornamentação de ídolos trazia o estigma da idolatria — uma sentença severa, na medida em que condenava à miséria eterna a maior parte da comunidade que se

9 O senado romano reunia-se sempre num templo ou local consagrado. Antes do início da sessão, cada senador vertia um pouco de vinho e queimava incenso no altar.
10 O costume antigo de encerrar os entretenimentos com libações estava presente em todas as culturas clássicas. Em seus últimos momentos, Sócrates e Sêneca puseram em prática esse hábito.

OS CRISTÃOS E A QUEDA DE ROMA

dedicasse ao exercício das profissões liberais ou mecânicas. Se voltarmos os olhos para as numerosas ruínas da Antiguidade, veremos que, a par das representações imediatas dos deuses e dos instrumentos sacros de seu culto, as formas elegantes e as aprazíveis ficções consagradas pela imaginação dos gregos foram adotadas como os mais ricos ornamentos das residências, do vestuário e do mobiliário dos pagãos.[11] Mesmo as artes da música e da pintura, da eloquência e da poesia tinham a mesma origem impura. Na linguagem dos pais da Igreja, Apolo e as Musas eram os órgãos do espírito infernal, Homero e Virgílio, seus servos mais eminentes, e a bela mitologia que impregnava e animava as composições de seu gênio visava tão só a celebrar a glória dos demônios. Mesmo a linguagem corrente da Grécia e de Roma abundava em expressões familiares ímpias, que um cristão imprudente estaria arriscado a descuidadamente pronunciar ou tolerantemente ouvir.[12]

As perigosas tentações que, por todos os lados, atalaiavam-se para emboscar o crente desprevenido assaltavam-no com redobrada violência nos dias de festas solenes. Tão ardilosamente essas comemorações se distribuíam ao longo do ano que sempre a superstição assumia o aspecto de prazer e, muita vez, de virtude. Alguns dos festivais mais sagrados do ritual romano destinavam-se a saudar as novas calendas de janeiro com votos de prosperidade pública e privada, a facilitar a piedosa recordação de vivos e mortos, a proclamar os limites invioláveis da

11 Mesmo o reverso das moedas gregas e romanas exibiam, com frequência, elementos decorativos de natureza idólatra. Nessa área, com efeito, os escrúpulos dos cristãos cediam lugar a uma paixão mais poderosa.

12 Se um amigo pagão (talvez ao espirrar) pronunciava a expressão corriqueira "Júpiter o abençoe", o cristão via-se na obrigação de negar a divindade de Júpiter.

propriedade, a aclamar, na volta da primavera, os poderes vivificantes da fecundidade, a perpetuar as duas efemérides memoráveis de Roma, a fundação da cidade e a da república, e a restaurar, durante a liberdade benevolente das saturnais, a igualdade primitiva de todos os homens. O escrúpulo com que os cristãos se portavam numa ocasião bem menos alarmante dá uma ideia do quanto abominavam essas ímpias cerimônias. Nos dias de festividade geral, os antigos costumavam adornar suas portas com lâmpadas e ramos de louro, além de cobrir a cabeça com guirlandas de flores. Esse hábito inócuo e refinado talvez fosse tolerado como mera instituição civil. Por infelicidade, contudo, as portas estavam sob a proteção dos deuses penates, o louro era sagrado para o amante de Dafne, e as guirlandas de flores, ainda que usadas com frequência como símbolo de alegria ou luto, haviam sido postas, na origem, a serviço da superstição. Os cristãos trementes, persuadidos nesse caso a acatar as práticas do país e as ordens do magistrado, viam-se tomados pelas mais sombrias apreensões, pelas reprimendas de sua consciência, pelas censuras da Igreja e pelas expectativas de vingança divina.

Fazia-se mister tal angustiada diligência para resguardar a castidade do Evangelho do sopro infeccioso da idolatria. As formalidades supersticiosas dos ritos públicos ou privados eram negligentemente praticadas, por hábito e por educação, pelos seguidores da religião estabelecida. Mas toda vez que o eram, ofereciam aos cristãos uma oportunidade de expressar e confirmar sua ardorosa oposição. Por via dessas frequentes asseverações, fortalecia-se sua fidelidade à fé; quanto mais lhes crescia o empenho, com mais ardor e êxito combatiam na guerra santa que haviam empreendido contra o império dos demônios.

II. A CRENÇA NA IMORTALIDADE. As obras de Cícero teste-munham, com as cores mais vivas, a ignorância, os erros e a incerteza dos filósofos antigos no tocante à imortalidade da alma. Quando estes querem fortalecer seus discípulos contra o temor da morte, neles inculcam, como uma atitude óbvia mas melancólica, a noção de que o golpe fatal de nossa dissolução nos liberta das calamidades da vida e de que não mais podem padecer aqueles que não mais existam. Todavia, alguns sábios da Grécia e de Roma conceberam uma ideia mais elevada, e em certos aspectos mais justa, da natureza humana, embora se deva reconhecer que, em tal sublime indagação, a razão deles foi mais das vezes guiada pela imaginação, e esta espicaçada pela vaidade. Quando atentavam com benevolência na extensão de seus próprios poderes mentais; quando aplicavam as faculdades da memória, da fantasia e do juízo nas mais profundas especulações ou nos labores mais importantes; e quando meditavam no desejo de fama, que os transportava às épocas futuras, para além dos limites da morte e da tumba, forcejavam por não se comparar aos animais do campo e por não supor que um ser cuja dignidade lhes despertava a mais sincera admiração pudesse limitar-se a um lugarzinho sob a Terra e a uns poucos anos de duração. Assim favoravelmente imbuídos, chamavam em seu auxílio a ciência, ou melhor, a linguagem da metafísica. Cedo descobriram que, como nenhuma das propriedades da matéria se aplica às operações da mente, a alma humana deve, por conseguinte, ser uma substância distinta do corpo, pura, simples e espiritual, incapaz de dissolução e suscetível de um grau muito mais elevado de virtude e de felicidade após libertar-se de sua prisão corpórea. Desses nobres e ilusórios princípios os filósofos que seguiam as pegadas de Platão tiraram uma conclusão assaz injustificada, de vez que afirmaram não só a imortalidade futura como também a eternidade pretérita da alma humana, que estavam prontos a considerar uma porção do espírito infinito e incriado que impregna e sustém o Universo. Doutrina assim distanciada dos sentidos e da experiência dos homens pode bem servir para distrair os lazeres de uma mente filosófica ou, no silêncio da solidão, proporcionar algum conforto à virtude abatida; todavia, a tênue impressão recebida nas escolas logo se obliterava no comércio e nas ocupações da vida prática. Estamos familiarizados o bastante com os vultos eminentes que floresceram na época de Cícero e dos primeiros Césares, com seus atos, seus caracteres e seus motivos, para saber com segurança que sua conduta nesta vida jamais se regulou por qualquer convicção séria das recompensas ou castigos de uma existência futura. No tribunal e no Senado de Roma, os oradores mais capazes não temiam ofender seus ouvintes expondo tal doutrina como uma opinião extravagante e ociosa, rejeitada com desprezo por qualquer homem de educação e entendimento liberal.

Por conseguinte, como os mais excelsos esforços da filosofia não podem fazer mais que indicar debilmente o desejo, a esperança ou, no máximo, a probabilidade de uma existência futura, não existe nada, excetuada uma revelação divina, capaz de determinar a existência e descrever os delineamentos da região invisível destinada a receber as almas humanas, uma vez separadas dos corpos. Todavia, percebemos diversas deficiências inerentes às religiões populares da Grécia e de Roma, o que as tornavam inadequadas para uma tarefa tão árdua. 1. O sistema geral de sua mitologia não se fundava em provas robustas; e os mais sábios entre os pagãos já haviam repudiado sua autoridade usurpada. 2. A descrição das regiões infernais tinha sido deixada a cargo de pintores e poetas, que as povoaram com tantos espectros e monstros, que dispensavam recompensas e punições com tão pouca equanimidade, que uma verdade solene, a que mais se quadrava ao coração humano, era onerada e desfigurada com a carga absurda das mais desvairadas ficções.[13] 3. Os politeístas piedosos da Grécia e de Roma não viam a doutrina de uma existência futura como um artigo de fé fundamental. A providência dos deuses, no que dizia respeito às comunidades públicas, mais que às pessoas, manifestava-se principalmente no teatro visível do mundo presente. As preces feitas nos altares de Júpiter e Apolo expressavam o desejo de felicidade temporal por parte dos devotos, assim como sua ignorância ou indiferença em relação a uma vida futura. A importante verdade da imortalidade da alma era inculcada com mais diligência (e sucesso) na Índia, na Assíria, no Egito e na Gália; e como não podemos atribuir tal diferença a um saber superior dos bárbaros, devemos atribuí-la à influência de um clero instituído, que empregava os motivos da virtude como o instrumento da ambição.

É naturalmente de esperar que um princípio tão essencial à religião tivesse sido revelado nos termos mais claros ao povo eleito da Palestina e que pudesse ter sido confiado sem risco ao clero hereditário de Aarão. Cumpre-nos adorar as misteriosas determinações da Providência quando verificamos que a doutrina da imortalidade da alma é omitida na lei de Moisés; é obscuramente insinuada pelos profetas; e, durante o longo período que decorreu entre a servidão egípcia e a babilônica, as esperanças e os temores dos judeus se confinaram, ao que parece, nos estreitos limites da vida presente. Após Ciro ter permitido à nação exilada que regressasse à terra prometida, e Esdras ter restaurado os antigos registros de sua religião, duas seitas célebres, os saduceus e os fariseus, surgiram gradualmente em Jerusalém. A primeira, formada por membros das ca-

---

13 O livro XI da *Odisseia* faz um relato assaz lúgubre e incoerente da região dos mortos. Píndaro e Virgílio embelezaram o quadro, mas mesmo esses poetas, embora mais corretos que seu augusto modelo, foram responsáveis por inconsistências estranhíssimas.

madas mais opulentas e mais importantes da sociedade, se atinha estritamente ao sentido literal da lei mosaica e piedosamente rejeitava a imortalidade da alma como uma opinião sem nenhum respaldo no livro divino, que reverenciavam como a única norma de sua fé. À autoridade das Escrituras, os fariseus acrescentavam a da tradição, aceitando, sob o nome de tradições, diversas doutrinas especulativas da filosofia ou da religião de nações orientais. As doutrinas do destino ou predestinação, dos anjos e espíritos, e de uma existência futura de recompensas e castigos, figuravam entre esses novos artigos de fé; e como os fariseus, pela austeridade de suas maneiras, tinham atraído para seu partido a maioria do povo judeu, a imortalidade da alma tornou-se o sentimento dominante da sinagoga durante o reinado dos príncipes e pontífices asmonianos.* O temperamento dos judeus não era de molde a contentar-se com uma fria e lânguida aquiescência como a que poderia satisfazer o espírito de um politeísta; tão logo admitiram a ideia de uma existência futura, abraçaram-na com o ardor que sempre foi característico de sua nação. Tal ardor nada acrescentava, porém, à evidência ou mesmo à probabilidade da ideia; impunha-se que a doutrina da vida e da imortalidade, ditada pela natureza, aprovada pela razão e acolhida pela superstição, recebesse sanção de verdade divina pela autoridade e pelo exemplo de Cristo.

Quando a promessa da felicidade eterna foi proposta à humanidade com a condição de ela adotar a fé e observar os preceitos do Evangelho, não estranha que oferta tão vantajosa fosse aceita por grande número de pessoas de

---

* Ou macabeus. Família judaica dos séculos II e I a.C. que chefiou a oposição ao domínio sírio da Palestina e às tendências helenizantes, propugnando a restauração da vida política e religiosa dos judeus; a dinastia macabeia terminou com a tomada de Jerusalém pelos romanos em 63 a.C., embora a sua influência sobre a oposição a eles ainda persistisse por longo tempo.

OS CRISTÃOS E A QUEDA DE ROMA   31

todas as religiões, de todas as condições sociais e de todas as províncias do Império Romano. Animavam os antigos cristãos um desprezo pela sua vida presente e uma justa confiança na imortalidade, dos quais a hesitante e imperfeita fé da época moderna não nos pode dar uma ideia adequada. Na Igreja primitiva, a influência da verdade recebia o poderosíssimo reforço de uma opinião que, por mais que merecesse respeito por sua utilidade e antiguidade, não se demonstrara consentânea com a experiência. Era crença geral que o fim do mundo e o reino dos céus estavam iminentes. O próximo advento desse miraculoso sucesso fora predito pelos apóstolos; a tradição havia sido preservada por seus primeiros discípulos; e os que interpretavam o sentido literal dos sermões do próprio Cristo estavam obrigados a esperar a segunda e gloriosa vinda do Filho do Homem, descido das nuvens, antes de se extinguir de todo a geração que lhe vira a humilde condição na Terra e que ainda poderia ser testemunha das calamidades dos judeus sob Vespasiano e Adriano. Os dezessete séculos que decorreram desde então nos ensinaram a não aceitar com demasiada literalidade a misteriosa linguagem da profecia e da revelação; no entanto, na medida em que, por razões sensatas, se permitiu que tal erro subsistisse na Igreja, ele produziu os mais salutares efeitos sobre a fé e o comportamento dos cristãos, que viviam na terrível expectativa do momento em que o próprio globo e todas as raças da humanidade tremeriam à aparição de seu divino juiz.[14]

A antiga e popular doutrina do Milênio estava ligada intimamente à segunda vida de Cristo. Como as obras da criação tinham se completado em seis dias, fixou-se

14 Essa expectativa encontrava apoio no capítulo 24 do evangelho de são Mateus e na primeira epístola de são Paulo aos tessalonicenses. Erasmo elimina a dificuldade com o auxílio da alegoria e da metáfora; e o douto Grotius arrisca-se a insinuar que, para fins prudentes, era lícito o engano piedoso.

em seis mil anos a duração delas em seu estado presente, consoante uma tradição atribuída ao profeta Elias. Segundo a mesma analogia, inferia-se que a esse longo período de trabalhos e esforços, já quase transcorrido, seguir-se-ia um jubiloso sábado de mil anos e que Cristo, com a falange triunfante dos santos e dos eleitos que haviam escapado à morte, ou tinham sido ressuscitados por milagre, reinaria sobre a Terra até a época designada para a última ressurreição geral. Tão prazenteira era essa esperança para a mente dos crentes que a *Nova Jerusalém*, a sede desse reino bem-aventurado, foi rapidamente adornada com as mais alegres cores da imaginação. Uma felicidade feita apenas de prazeres puros e espirituais teria parecido demasiado refinada para seus habitantes, que, supostamente, ainda mantinham a natureza e os sentidos humanos. Um jardim do Éden, com as distrações da vida bucólica, não mais convinha ao avançado estado da sociedade existente no Império Romano. Por isso erigiu-se uma cidade de ouro e pedras preciosas, e dotou-se o território adjacente de uma abundância sobrenatural de trigo e vinho, cuja produção espontânea beneficiaria para todo o sempre uma população, feliz e indulgente, livre de toda e qualquer lei egoísta de propriedade exclusiva. A firme crença nesse Milênio foi cuidadosamente inculcada por uma sucessão de pais da Igreja, desde Justino Mártir e Irineu, que tiveram contato com os discípulos dos primeiros apóstolos, até Lactâncio, preceptor do filho de Constantino. Embora a doutrina não se propagasse universalmente, parece ter sido a crença dominante entre os fiéis ortodoxos; e se afigura tão bem ajustada aos desejos e cuidados da humanidade que deve ter contribuído em grau assaz considerável para o progresso da fé cristã. No entanto, quando o edifício da Igreja se achava quase concluído, o apoio temporário foi afastado. A doutrina do reino de Cristo sobre a Terra, a princípio tratada como uma ale-

OS CRISTÃOS E A QUEDA DE ROMA

goria profunda, aos poucos passou a ser considerada duvidosa e inútil, sendo por fim rejeitada como fabulação absurda da heresia e do fanatismo. Uma profecia misteriosa, que ainda faz parte do cânon sagrado, mas que foi tida como favorável à doutrina abandonada, escapou por um triz à proscrição da Igreja.[15]

Ao mesmo tempo que a felicidade e a glória de um reinado temporal eram prometidas aos discípulos de Cristo, anunciavam-se as mais medonhas calamidades contra o mundo incrédulo. A edificação da Nova Jerusalém acompanharia passo a passo a destruição da Babilônia mística, e enquanto os imperadores que reinaram antes de Constantino persistiram na idolatria, atribuía-se o epíteto de Babilônia à cidade e ao Império de Roma. Ele sofreu a série completa de todos os males físicos e morais que podem afligir uma nação florescente: a discórdia intestina e a invasão dos bárbaros mais ferozes procedentes das regiões desconhecidas do norte, a pestilência e a fome,

15 No concílio de Laodiceia, realizado por volta do ano 360, o Apocalipse foi excluído tacitamente do cânon sagrado pelas mesmas igrejas da Ásia a que tinha sido dirigido, e como depreendemos da queixa de Sulpício Severo, a decisão do concílio fora ratificada pela maior parte dos cristãos na época. Nesse caso, por que motivos o Apocalipse é tão bem acolhido atualmente pelas igrejas grega, romana e protestante? Podem-se apontar as seguintes causas: 1. Os gregos foram persuadidos pela autoridade de um impostor, que, no século VI, assumiu o nome de Dionísio, o Aeropagita. 2. Uma preocupação justa, a de que os gramáticos se tornassem mais importantes que os teólogos, levou o concílio de Trento a impor o selo de infalibilidade em todos os livros das Escrituras, contidos na Vulgata, em latim, entre os quais o Apocalipse, por felicidade, estava incluído. 3. A vantagem de poder usar essas profecias misteriosas contra a Sé de Roma induziu os protestantes a mostrar uma desusada veneração por um instrumento tão útil. Ver as hábeis e sóbrias exposições do atual bispo de Litchfield a respeito desse tema inauspicioso.

cometas e eclipses, terremotos e inundações. Estes eram outros tantos e assustadores sinais preparatórios da grande catástrofe de Roma, quando o país dos Cipiões e dos Césares seria consumido pelo fogo do céu, e a cidade das sete colinas, com seus palácios, seus templos, seus arcos triunfais, ficaria sepultada num vasto lago de chamas e enxofre. Poderia contudo trazer algum consolo à vaidade romana a ideia de que a duração de seu império seria a do próprio mundo, o qual, assim como outrora perecera pelo elemento água, estava destinado a sofrer uma segunda e célere destruição pelo elemento fogo. Nessa crença de uma grande conflagração, a fé dos cristãos coincidia com a tradição do Oriente, com a filosofia dos estoicos e com a analogia da natureza; e até a região que, por motivos religiosos, tinha sido escolhida como origem e principal cenário da conflagração era a mais bem preparada por causas naturais e físicas para esse propósito: com suas cavernas profundas, seus lençóis de enxofre e seus inúmeros vulcões, entre os quais o Etna, o Vesúvio e o Lipari, oferece uma representação muito imperfeita. O mais sereno e intrépido cético não poderia negar-se a reconhecer que a destruição do atual sistema do mundo pelo fogo era extremamente provável. O cristão, que fundamentava sua fé muito menos nos argumentos falaciosos da razão do que na autoridade da tradição e na interpretação das escrituras, a aguardava, tomado de terror e de certeza, como um evento indubitável e cada vez mais próximo; e como sua mente se achava perpetuamente ocupada pela ideia, ele considerava todo desastre que se abatia sobre o império como um sintoma infalível de um mundo agonizante.[16]

16 Com relação a esse tema, todo leitor de bom gosto há de apreciar a terceira parte da Teoria Sagrada de Burnet, que mescla filosofia, escrituras e tradição para construir um sistema magnífico, e em sua descrição mostra um poder de imaginação em nada inferior ao do próprio Milton.

A condenação dos mais sábios e mais virtuosos pagãos, por motivo de sua ignorância ou descrença na verdade divina, parece ofender a razão e o humanitarismo de nossa época. Mas a Igreja primitiva, cuja fé tinha consistência muito mais firme, entregava sem hesitação à tortura eterna uma parte muitíssimo maior da espécie humana. Talvez pudesse fazer uma caridosa exceção em favor de Sócrates ou de alguns outros sábios da Antiguidade que haviam consultado a luz da razão antes de ter surgido a do Evangelho. Mas garantia-se a uma só voz que aqueles que, desde o nascimento ou a morte de Cristo, persistiam obstinadamente na adoração dos demônios, não mereciam nem podiam esperar perdão da irada justiça da Divindade. Tais ásperos sentimentos, que o mundo antigo desconhecera, parecem ter infundido um espírito de amargura num sistema de amor e harmonia. Os laços de sangue e de amizade eram frequentemente rompidos pela diferença de fé religiosa, e os cristãos, que se viam oprimidos neste mundo pelo poderio dos pagãos, tomados por vezes de ressentimento e orgulho espiritual, compraziam-se na perspectiva de seu triunfo futuro. "Tu que gostas de espetáculos", exclama o severo Tertuliano, "aguarda o maior de todos os espetáculos, o juízo eterno e final do Universo. Como não irei admirar-me e rir e rejubilar-me e exultar ao ver tantos monarcas soberbos e tantos deuses falsos gemendo no mais fundo abismo das trevas; tantos magistrados que perseguiram o nome do Senhor derretendo-se em fogos mais ardentes do que aqueles que atearam contra os cristãos; tantos doutos filósofos enrubescendo em chamas candentes com seus discípulos logrados; tantos poetas afamados tremendo ante o tribunal não de Minos mas de Cristo; tantos trágicos, mais melodiosos na expressão de seus próprios sofrimentos; tantos bailarinos..." Mas a benevolência do leitor me permitirá lançar um véu sobre o restante dessa descrição infernal, que o fervoroso africano leva avante com uma longa enfiada de agudezas amaneiradas e insensíveis.

Havia sem dúvida, entre os cristãos primitivos, muitos de índole mais consentânea com a mansuetude e misericórdia de sua profissão de fé. Muitos que sentiam sincera compaixão por seus amigos e concidadãos em perigo e que se empenhavam com fervor assaz benevolente em salvá-los da iminente destruição. O politeísta negligente, acometido de novos e inesperados terrores contra os quais nem seus sacerdotes nem seus filósofos lhe podiam oferecer qualquer proteção segura, sentia-se com muita frequência apavorado e dominado pela ameaça de torturas sempiternas. Seus temores podiam ajudar o progresso de sua fé e razão; e caso pudesse persuadir-se a suspeitar que a religião cristã possivelmente estava certa, tornava-se tarefa fácil convencê-lo de que era o partido mais seguro e mais prudente a tomar.

III. OS PODERES MIRACULOSOS DA IGREJA PRIMITIVA. Os dons sobrenaturais que mesmo nesta vida eram atribuídos aos cristãos, pondo-os acima do restante da humanidade, devem ter lhes trazido conforto, assim como, muito frequentemente, convicção aos infiéis. Além dos eventuais prodígios que se podiam por vezes efetuar mercê da intervenção imediata da Deidade, quando esta se dispunha a suspender as leis da Natureza em benefício da religião, a Igreja cristã, desde o tempo dos apóstolos e de seus primeiros discípulos, tem alegado uma sucessão ininterrupta de poderes miraculosos, o dom de línguas, de visão e de profecia, o poder de expulsar demônios, de curar os enfermos e de ressuscitar os mortos. O conhecimento de línguas estrangeiras era frequentemente comunicado aos contemporâneos de Irineu*

---

* Santo católico nascido na Ásia Menor (*c.* 125-*c.* 202 d.C.), foi bispo de Lyon, na Gália, e autor de *Contra as heresias*, tratado em que condenou os gnósticos.

embora ele próprio ficasse às voltas com as dificuldades de um dialeto bárbaro enquanto pregava o Evangelho aos naturais da Gália. A inspiração divina, comunicada sob a forma de uma visão desperta ou em sonho, é descrita como mercê conferida com grande liberdade a toda sorte de fiéis, tanto mulheres quanto anciãos, tanto meninos como bispos. Desde que seus espíritos devotos estivessem suficientemente preparados, por uma série de preces, jejuns e vigílias, para receber o extraordinário impulso, eram eles arrebatados de suas consciências e levados a um êxtase inspirado, pois eram meros órgãos do Espírito Santo, assim como o é uma flauta de quem nela sopra. Cumpre acrescentar ser o desígnio de tais visões, na maior parte dos casos, revelar a história futura ou orientar a administração atual da Igreja. A expulsão de demônios dos corpos dos infelizes aos quais se lhes permitira atormentar era considerada como um triunfo notável, embora corriqueiro, da religião; os antigos apologistas o apresentavam sempre como a prova mais convincente da verdade do cristianismo. Realizava-se a terrível cerimônia mais das vezes publicamente, diante de um grande número de espectadores; o paciente era aliviado pelo poder ou habilidade do exorcista, e ouvia-se do demônio vencido a confissão de ser ele um dos deuses fictícios da Antiguidade que haviam impiamente usurpado a adoração da humanidade. Mas a cura miraculosa de moléstias de natureza assaz incomum ou mesmo sobrenatural não deve causar surpresa se nos lembrarmos de que nos dias de Irineu, ao fim do século II, não se considerava a ressurreição de mortos acontecimento muito raro; que o milagre ocorria com frequência, nas ocasiões necessárias, graças a um longo jejum e às súplicas conjuntas da Igreja local; e que as pessoas assim devolvidas às suas preces sobreviviam ainda um bom número de anos. Numa época que tal, em que a fé podia jactar-se de tantas prodigiosas vitórias sobre a morte, parece difícil justificar o ceticismo daqueles filósofos que rejeitavam e escarneciam a doutrina da ressurreição. Um nobre grego assentara toda a controvérsia nesse importante fundamento, prometendo a Teófilo, bispo de Antioquia, que, se lhe fosse dado ver uma só pessoa de fato ressuscitada de entre os mortos, ele imediatamente abraçaria a religião cristã. É de certo modo singular que o prelado da primeira Igreja oriental, conquanto ansioso de ver seu amigo converter-se, achasse conveniente rejeitar esse justo e sensato desafio.

Os milagres da Igreja primitiva, depois de terem alcançado a sanção dos séculos, foram ultimamente atacados no curso de uma investigação assaz independente e habilidosa que, embora tivesse acolhida das mais favoráveis por parte do público, parece ter suscitado generalizado escândalo entre os teólogos de nossa e de outras Igrejas protestantes da Europa. Nosso entendimento particular do assunto será muito menos influenciado por argumentos em si do que por nossos hábitos de estudo e reflexão, e sobretudo pelo grau de credibilidade que nos acostumamos a exigir das provas de um evento miraculoso. O dever do historiador não lhe pede que interponha seu juízo pessoal nesta bela e importante controvérsia; não pode ele, porém, encobrir a dificuldade de adotar uma teoria capaz de reconciliar os interesses da religião com os da razão, de aplicar corretamente a dita teoria e de definir, com precisão, os limites do ditoso período isento de erro e de burla a que estejamos dispostos a atribuir o dom de poderes sobrenaturais. Desde o primeiro dos pais da Igreja ao último dos papas, prolonga-se sem interrupção uma sequência de bispos, santos e mártires, bem como de milagres; e o progresso da superstição foi tão gradual e quase tão imperceptível que não sabemos em que elo específico deveríamos romper a cadeia da tradição. Cada época dá testemunho dos acontecimentos miraculosos com que foi distinguida, não sendo tal

OS CRISTÃOS E A QUEDA DE ROMA

testemunho menos ponderoso e respeitável que o da geração anterior, pelo que somos insensivelmente levados a inculpar nossa própria inconsequência por negar ao venerável Bede* ou a são Bernardo o mesmo grau de confiança que tão liberalmente atribuímos, no segundo século, a Justino** ou a Irineu.[17] Se se aquilatar a verdade de qualquer desses milagres pelo seu uso e propriedade aparentes, toda época teve incréus a persuadir, heréticos a refutar e nações idólatras a converter; motivos suficientes poderiam ser sempre invocados, portanto, para justificar a intervenção do céu. No entanto, como todo partidário da revelação está persuadido da realidade, e todo homem sensato convencido da cessação dos poderes miraculosos, torna-se evidente que deveria ter havido algum período em que estes foram súbita ou gradualmente retirados da Igreja cristã. Seja qual for a época escolhida para tal propósito — a morte dos apóstolos, a conversão do Império Romano ou a extinção da heresia ariana[18] —, a insensibilidade dos cristãos que viveram

---

* Monge beneditino e erudito inglês (673 [?]-735 d.C.), autor de uma *História eclesiástica da nação inglesa* escrita em latim.
** São Justino Mártir (*c.* 100-*c.* 165 d.C.), apologista cristão nascido na Palestina e martirizado com seus discípulos por causa de sua fé cristã, que defendeu em dois tratados filosóficos escritos em grego, *Apologia* e *Diálogo*.
17 Pode parecer um tanto surpreendente que Bernard de Clairvaux, o qual registra tantos milagres de seu amigo são Malaquias, não tivesse dado atenção a seus próprios milagres, cuidadosamente narrados, no entanto, por seus companheiros e discípulos. Na longa sequência da história eclesiástica, existirá um só exemplo de um santo afirmar-se ele próprio dotado do dom de milagres?
18 A conversão de Constantino é a era mais comumente fixada pelos protestantes. Os teólogos mais racionais relutam em admitir os milagres do século IV, ao passo que os mais crédulos só relutam em admitir os do século V.

na dita época se constituirá igualmente em justo motivo de surpresa. Eles ainda sustentavam suas pretensões após ter perdido seu poder. A credulidade fazia as vezes da fé, permitia-se ao fanatismo assumir a linguagem da inspiração e os efeitos do acaso ou do artifício eram atribuídos a causas sobrenaturais. A experiência recente de genuínos milagres deveria ter ensinado ao mundo cristão os caminhos da Providência e habituado os olhos dele (se nos permite usar uma expressão assaz inadequada) ao estilo do divino artista. Se o mais habilidoso dos pintores da Itália moderna tivesse a presunção de assinar suas medíocres imitações com o nome de Rafael ou de Correggio, a insolente contrafação seria prontamente descoberta e indignadamente rejeitada.

Qualquer que seja a opinião que se tenha sobre os milagres da Igreja primitiva desde a época dos apóstolos, essa submissa brandura de temperamento, tão evidente entre os crentes do segundo e do terceiro séculos, acabou sendo benéfica para a causa da verdade e da religião. Nos tempos modernos, um ceticismo latente e até involuntário se incorpora aos caracteres mais piedosos, que admitem verdades sobrenaturais muito menos por uma anuência ativa que por fria e passiva aquiescência. Habituada há muito a observar e a respeitar a ordem invariável da natureza, nossa razão, ou pelo menos nossa imaginação, não está preparada o bastante para suportar a ação visível da Divindade. No entanto, nos albores do cristianismo, a situação da humanidade era extremamente diferente. Os pagãos mais curiosos, ou os mais crédulos, eram amiúde persuadidos a ingressar numa sociedade que reivindicava o domínio real de poderes miraculosos. Os cristãos primitivos trilhavam sem cessar um solo místico e tinham a mente exercitada pelo hábito de crer nos fatos mais extraordinários. Sentiam ou imaginavam que por todos os lados eram continuamente atacados por demônios, confortados por visões,

OS CRISTÃOS E A QUEDA DE ROMA

lecionados por profecias e surpreendentemente livrados de perigos, de doenças e da própria morte pelas súplicas da Igreja. Os prodígios reais ou imaginários, dos quais com tanta frequência se julgavam objetos, instrumentos ou espectadores, predispunham-nos jovialmente a aceitar com a mesma facilidade, mas com muito maior justiça, as maravilhas autênticas da história evangélica; e assim, milagres que não excediam a medida de sua própria experiência lhes infundiam a mais absoluta certeza de mistérios que, sabidamente, superavam os limites de seu entendimento. Foi essa marca profunda de verdades sobrenaturais que veio a ser muito celebrada com o nome de fé; um estado de espírito descrito como o mais seguro penhor de favor divino ou de felicidade futura, e encarecido como o primeiro ou, talvez, o único mérito de um cristão. Segundo os mais rígidos doutores, as virtudes morais, que os infiéis podem igualmente praticar, são destituídas de todo valor ou eficácia na obra de nossa justificação.

IV. A MORALIDADE PURA E AUSTERA DOS CRISTÃOS. Todavia, os cristãos primitivos demonstravam sua fé por meio de suas virtudes; presumia-se então, muito justificadamente, que a divina persuasão que iluminara ou vencera o entendimento devia, ao mesmo tempo, purificar o coração e dirigir os atos do crente. Os primeiros apologistas da cristandade, que testemunham a inocência de seus irmãos, e os autores de um período ulterior, que celebram a santidade de seus antepassados, pintam com as cores mais vivas a reforma de costumes introduzida no mundo pela pregação do Evangelho. Sendo meu intento assinalar apenas as causas humanas às quais foi permitido secundar a influência da revelação, mencionarei de passagem dois motivos que poderiam naturalmente tornar a vida dos cristãos primitivos muito mais pura e austera que a de seus contemporâneos pagãos ou de seus degenerados sucessores — arrependimento dos pecados passados e louvável desejo de defender a reputação da sociedade em que se haviam engajado.

Uma censura muito antiga, sugerida pela ignorância ou pela malevolência da infidelidade, é a de que os cristãos atraíam para suas hostes os piores criminosos, os quais, tão logo tocados por um sentimento de remorso, eram facilmente persuadidos a lavar na água do batismo a culpa de sua conduta pretérita, para a qual os templos dos deuses se recusavam a conceder qualquer expiação. Mas essa censura, uma vez purificada da deturpação, contribui para a honra da Igreja, assim como contribuiu para seu crescimento. Os partidários do cristianismo reconhecem sem corar que muitos dos santos mais eminentes foram, antes de seu batismo, os mais impenitentes pecadores. As pessoas que no mundo haviam seguido, ainda que de maneira imperfeita, os ditames da benevolência e do decoro, retiravam da opinião de sua própria probidade uma tranquila satisfação que as tornava muito menos suscetíveis às inopinadas emoções de vergonha, de pesar e de temor que deram origem a tantas miraculosas conversões. Seguindo o exemplo de seu Divino Mestre, os missionários do Evangelho não desdenhavam a companhia dos homens, e especialmente das mulheres, oprimidos pela consciência e muito amiúde pelos efeitos de seus vícios. Ao emergir do pecado e da superstição rumo à gloriosa esperança da imortalidade, resolviam devotar-se a uma vida não apenas de virtude, mas de penitência. O desejo de perfeição tornava-se a paixão dominante de suas almas, e é bem sabido que, enquanto a razão se contém numa fria mediocridade, nossas paixões nos incitam, com célebre violência, a franquear o espaço que separa os extremos mais opostos.

Uma vez alistados nas hostes dos fiéis e admitidos aos sacramentos da Igreja, os neófitos se viam coibidos de recair em suas irregularidades de antes por outra consi-

OS CRISTÃOS E A QUEDA DE ROMA   43

deração de natureza menos espiritual, conquanto assaz inocente e respeitável. Qualquer comunidade específica que se tenha afastado do todo da nação ou da religião a que pertencia se torna de pronto objeto de observação geral. Proporcionalmente à pequenez do número de seus membros, o caráter da comunidade pode ser afetado pela virtude e pelos vícios deles; e cada um está obrigado a observar com a mais vigilante atenção seu próprio comportamento e o de seus irmãos, visto que, assim como deve esperar incorrer em parte da desonra comum, assim também deve aspirar ao desfrute de sua cota da reputação comum. Quando os cristãos da Bitínia foram levados ao tribunal do jovem Plínio, asseguraram ao procônsul que, longe de estarem envolvidos em qualquer conspiração ilegal, se viam forçados, mercê de uma solene obrigação, a abster-se da perpetração de crimes que pudessem perturbar a ordem pública e privada da sociedade, tais como roubo, adultério, perjúrio e fraude. Cerca de um século mais tarde, Tertuliano* podia jactar-se, com honesto orgulho, de pouquíssimos cristãos terem sofrido nas mãos do carrasco, a não ser por causa de sua religião. A vida severa e retirada que levavam, infensa ao luxo festivo da época, fazia-os habituarem--se à castidade, à temperança, à frugalidade e a todas as virtudes sóbrias e domésticas. Como tinham, na grande maioria, algum ofício ou profissão, cumpria-lhes, com a mais rigorosa integridade e a mais reta conduta, afastar as suspeitas que os profanos costumam nutrir contra as mostras de santidade. O desprezo do mundo os adestrava nos hábitos de humildade, mansidão e paciência. Quanto mais eram perseguidos, mais se apegavam uns aos outros. Sua mútua benevolência e sua insuspeita

---

* Teólogo romano nascido em Cartago (*c.* 150-*c.* 230 d.C.), autor de numerosos tratados. Colocava a fé acima da razão, conforme deixou expresso em seu célebre lema "Creio porque absurdo".

confiança foram notadas por infiéis, e delas abusavam com muita frequência amigos pérfidos.[19]

Uma circunstância deveras honrosa para a moralidade dos cristãos primitivos era a de mesmo suas faltas, ou melhor, erros, resultarem de um excesso de virtude. Os bispos e doutores da Igreja, cujo testemunho atesta e cuja autoridade poderia influenciar as profissões de fé, os princípios e até mesmo os costumes de seus coetâneos, haviam estudado as Escrituras com menos cuidado do que devoção, e amiúde tomavam em sentido muito literal os rígidos preceitos de Cristo e dos apóstolos, a que a prudência de comentadores subsequentes deu interpretação menos rígida e mais figurativa. Desejosos de exaltar a perfeição do Evangelho acima da sabedoria da filosofia, os ardorosos pais da Igreja levaram os deveres de automortificação, de pureza e de paciência a um extremo quase impossível de atingir e menos ainda de manter em nosso presente estado de fraqueza e corrupção. Uma doutrina tão extraordinária e tão sublime tem inevitavelmente de suscitar a veneração das pessoas; todavia, não era de molde a obter o sufrágio daqueles filósofos mundanos que, na conduta desta vida transitória, atendem tão só aos sentimentos da natureza e aos interesses da sociedade.

Há duas propensões naturalíssimas que podemos observar nos temperamentos mais virtuosos e liberais: o amor ao prazer e o amor à ação. Se o primeiro for refinado pela arte e pelo saber, aprimorado pelos encantos do intercâmbio social e corrigido por uma justa consideração à economia, à saúde e à reputação, gera a maior parte da felicidade da vida privada. O amor à ação é um princípio de natureza muito mais forte e mais dúbia. Com frequência conduz à cólera, à ambição e à vingança; entretanto,

19 O filósofo Peregrino (de cuja vida e morte Luciano deixou-nos um relato tão interessante) tirou proveito, durante muito tempo, da simplicidade crédula dos cristãos da Ásia.

quando guiado pelo sentido do decoro e da benevolência, torna-se o pai de todas as virtudes. E se tais virtudes se fazem acompanhar também de correspondentes aptidões, uma família, um estado ou um império pode dever sua segurança e prosperidade à coragem indômita de um único homem. Podemos, portanto, considerar que o amor ao prazer seja a fonte da maior parte das qualidades aprazíveis, e o amor à ação, da maior parte das úteis e respeitáveis. A personalidade em que as duas espécies se unem e se harmonizam parece constituir a mais perfeita ideia de natureza humana. O consenso humano rejeita o temperamento indiferente e inativo, que se presume igualmente destituído de ambas, considerando-o incapaz de proporcionar alguma felicidade à pessoa ou algum benefício público ao mundo. Todavia, não era *neste* mundo que os cristãos primitivos desejavam fazer-se aprazíveis ou úteis.

A aquisição de conhecimentos, o exercício da razão ou da imaginação e o deleitoso fluxo da conversação despreocupada podem bem ocupar os lazeres de um espírito liberal. Distrações que tais eram porém rejeitadas com aversão ou admitidas com extrema cautela pela severidade dos pais da Igreja, os quais desprezavam todo conhecimento que não fosse útil à salvação e consideravam toda leviandade de linguagem como um abuso desse dom. Em nossa existência atual, o corpo está tão inseparavelmente ligado à alma que parece ser de nosso interesse provar, com inocência e moderação, os desfrutes a que aquele fiel companheiro é suscetível. Muito diverso era o modo de pensar de nossos devotos antepassados: aspirando em vão a emular a perfeição dos anjos, desdenhavam, ou fingiam desdenhar, todos os deleites corpóreos e terrenos. Alguns de nossos sentidos são em verdade necessários a nossa preservação, outros a nossa subsistência, e outros ainda a nossa informação, pelo que se demonstrava assaz impossível rejeitar-lhes o uso. A primeira sensação de prazer era tida como o primeiro momento de seu abuso. Instruía-se o insensível candidato ao céu não apenas a resistir aos amavios mais grosseiros do paladar ou do olfato, mas até mesmo a fechar os ouvidos à profana harmonia de sons e a olhar com indiferença as mais elaboradas produções de arte humana. Vestuário garrido, casas luxuosas e mobiliário elegante eram considerados fonte do duplo pecado da soberba e da sensualidade; convinha antes aos cristãos convictos de seus pecados e duvidosos de sua salvação uma aparência simples e mortificada. Em suas censuras ao luxo, os pais da Igreja eram extremamente minuciosos e circunstanciais; entre os diversos artigos que lhes excitavam a piedosa indignação podemos enumerar as perucas, os trajes de outra cor que não a branca, os instrumentos de música, os vasos de ouro ou prata, as almofadas macias (visto que Jacó pousava a cabeça numa pedra), o pão branco, os vinhos estrangeiros, os cumprimentos públicos, o uso de banhos quentes e o hábito de barbear-se, o qual, segundo a expressão de Tertuliano, é uma mentira contra nossos próprios rostos e uma tentativa ímpia de melhorar a obra do Criador. Quando o cristianismo se introduziu entre os ricos e os elegantes, a observância desses singulares preceitos foi deixada, como o seria hoje, aos poucos que aspirassem à superior santidade. Mas é sempre fácil, tanto quanto agradável, para as classes inferiores da humanidade, alegar como mérito o desprezo daquela pompa e daqueles prazeres que a fortuna lhes pôs fora do alcance. A virtude dos cristãos primitivos, tal como a dos primeiros romanos, tinha a guardá-la, com muita frequência, a pobreza e a ignorância.

A casta severidade dos pais da Igreja em tudo quanto respeitasse ao comércio dos dois sexos resultava do mesmo princípio — a aversão por qualquer desfrute que pudesse satisfazer a natureza sensual do homem e degradar-lhe a natureza espiritual. Sua opinião favorita era a de que, se Adão se tivesse mantido obediente ao Criador, teria vivido para sempre num estado de virginal pureza, e algum inofensivo modo de vegetação teria povoado o paraíso com uma raça de seres inocentes e imortais. O recurso ao casamento fora consentido à sua decaída posteridade tão só como um expediente necessário à continuação da espécie humana e uma restrição, ainda que imperfeita, à natural licenciosidade do desejo. A hesitação dos casuístas ortodoxos no tocante a esse interessante tópico denuncia a perplexidade de homens relutantes em aprovar uma instituição que estavam compelidos a tolerar. A enumeração das leis tão excêntricas que com grande minuciosidade impunham ao leito matrimonial faria os rapazes sorrirem e as donzelas enrubescerem. Era unânime entre eles a opinião de que um primeiro casamento bastava para atender a todas as necessidades da natureza e da sociedade. A ligação carnal se refinava num símile da união mística de Cristo com sua Igreja, sendo declarada indissolúvel quer pelo divórcio quer pela morte. A prática de segundas núpcias era estigmatizada com o labéu de adultério legal e as pessoas inculpadas de tão escandalosa ofensa contra a pureza cristã logo se viam excluídas das honras, e mesmo dos braços, da Igreja. Como se tinha o desejo por crime e se tolerava o casamento como um defeito, não discrepava dos mesmos princípios considerar o estado de celibato o mais próximo da perfeição divina. Era com a maior das dificuldades que a Roma antiga podia suportar a instituição de seis vestais;[20] a Igreja primitiva, todavia, contava um grande número de pessoas de ambos os sexos devotadas à profissão da perpétua castidade. Algumas, entre as

20 Ver uma curiosíssima dissertação sobre as Vestais, nas *Mémoires de l'Académie des Inscriptions*, v. iv, pp. 161-227. Malgrado as honras e recompensas conferidas a essas virgens, era difícil consegui-las em número suficiente; nem sempre o temor da morte mais horrível lograva refrear-lhes a incontinência.

quais podemos incluir o douto Orígenes,* achavam mais prudente desarmar o tentador.[21] Outras eram insensíveis e outras ainda invencíveis aos assomos da carne. Desdenhando uma fuga ignominiosa, as virgens do cálido clima da África enfrentavam o inimigo bem de perto: consentiam que padres e diáconos lhes partilhassem o leito e se jactavam de sua imaculada pureza em meio às chamas. Mas a Natureza ofendida reivindicava por vezes seus direitos e essa nova espécie de martírio servia tão só para introduzir um novo escândalo no seio da Igreja.[22] Entre os ascetas** cristãos (uma designação que logo adquiriram em razão de seus dolorosos exercícios) muitos, no entanto, por menos presunçosos, tiveram maior êxito. A perda dos prazeres da carne era substituída e compensada pelo orgulho espiritual. Mesmo a multidão dos pagãos tendia a medir o mérito do sacrifício por sua dificuldade aparente, e em louvor de tais esposas de Cristo e sua castidade foi que os pais da Igreja derra-

---

* Filósofo cristão nascido no Egito (185 [?]-254 [?] d.C.), celebrizou-se como mestre em Alexandria e escreveu obras teológicas, além de ter editado a Bíblia em seis versões paralelas hebraico-gregas.

21 Antes que a fama de Orígenes provocasse inveja e ressentimento, essa ação extraordinária era mais admirada que censurada. Como fosse seu hábito, em geral, alegorizar as escrituras, é lamentável que somente nesse caso ele tenha adotado o sentido literal.

22 Algo semelhante a essa tentativa irrefletida foi, muito depois, imputado ao fundador da ordem de Fontevrault. Discorrendo sobre esse tema delicadíssimo, Bayle divertiu a si mesmo e a seus leitores.

** Gibbon faz referência aqui à etimologia da palavra *ascese*, que em grego significa "exercício". Os ascetas costumavam recorrer a exercícios rigorosos (jejuns, flagelações etc.) para dominar os reclamos da carne.

maram a inquieta torrente de sua eloquência.[23] Tais são os primeiros vestígios dos princípios e instituições monásticos que, em época subsequente, contrabalançaram todas as vantagens temporais da cristandade.

Os cristãos não se mostravam menos avessos aos negócios que aos prazeres deste mundo. Não sabiam como reconciliar a defesa de nossas pessoas e propriedades com a paciente doutrina que inculcava perdão ilimitado das injúrias passadas e convidava à repetição dos insultos recentes. A simplicidade deles se ofendia com o uso de pragas, com a pompa da magistratura e com as ativas contendas da vida pública; sua humana ignorância não podia convencer-se de que fosse lícito, em qualquer ocasião, derramar o sangue de nossos semelhantes, quer pela espada da justiça, quer pela da guerra, ainda que os atentados hostis destes pusessem em risco a ordem e a segurança de toda a comunidade.[24] Reconheciam os cristãos que, sob lei menos perfeita, os poderes do Estado judeu haviam sido exercidos, com a aprovação do céu, por profetas inspirados e por reis ungidos. Achavam e declaravam, por conseguinte, que instituições que tais poderiam ser necessárias ao atual sistema do mundo, e de bom grado se submetiam à autoridade de seus governantes pagãos. Mas embora inculcassem as máximas da obediência passiva, recusavam-se a tomar qualquer parte ativa na administração civil ou na defesa militar do Império. Talvez mereçam alguma indulgência as pessoas que, antes de sua conversão, já estavam empenhadas em tais ocupações violentas e sanguinárias; era todavia impossível

23 Dupin narra em pormenor o diálogo das dez virgens tal como foi composto por Metódio, bispo de Tiro. Os louvores à virgindade são exagerados.

24 Depois da Reforma, os socinianos, os anabatistas modernos e os quacres reviveram os mesmos princípios pacientes. Barclay, apologista dos quacres, defendeu seus irmãos, recorrendo à autoridade dos primitivos cristãos.

aos cristãos, sem renunciar a um dever mais sagrado, assumir a condição de soldados, de magistrados ou de príncipes. O descaso negligente ou até criminoso pelo bem-estar público os expunha ao desprezo e às censuras dos pagãos, que muito frequentemente perguntavam qual deveria ser a sina do Império, atacado de todos os lados pelos bárbaros, se toda a humanidade adotasse os pusilânimes sentimentos da nova seita. A essa pergunta insultante os apologistas cristãos davam respostas obscuras e ambíguas, por não terem desejo de revelar a causa secreta de sua segurança — a esperança de que, antes de completar-se a conversão da humanidade, a guerra, o governo, o Império Romano e o próprio mundo não existissem mais. Cumpre observar que, também nesse caso, a situação dos cristãos primitivos coincidia de forma muito feliz com seus escrúpulos religiosos e que sua aversão por uma vida ativa contribuía antes para isentá-los do serviço militar do que para excluí-los das honrarias do Estado e do exército.

V. A UNIDADE E A DISCIPLINA DOS CRISTÃOS. Mas o caráter humano, por mais exaltado ou deprimido que esteja por um entusiasmo temporário, voltará aos poucos a seu nível próprio e natural, retomando as paixões que pareçam mais adaptadas a seu estado atual. Os cristãos primitivos estavam mortos para os negócios e os prazeres do mundo; seu amor à ação, porém, que nunca pôde ser extinguido de todo, logo reviveu e achou uma nova ocupação no governo da Igreja. Uma sociedade em separado, que atacava a religião estabelecida do Império, viu-se obrigada a adotar alguma forma de organização política interna e a designar um número suficiente de ministros incumbidos não só de funções espirituais como também da direção temporal da comunidade cristã. A segurança da sociedade, sua honra, seu engrandecimento suscitavam, mesmo nos espíritos mais piedosos, um ardor patriótico como o que os primei-

OS CRISTÃOS E A QUEDA DE ROMA   51

ros romanos haviam nutrido pela república, e por vezes a igual indiferença pelo uso de quaisquer meios que pudessem conduzir a fim tão desejável. A ambição de alçar-se, ou aos amigos, até as honrarias e cargos da Igreja, disfarçava-se sob a louvável intenção de devotar ao bem público o poder e a consideração que, somente para tal propósito, tornava-se dever reivindicar. No exercício de suas funções, esses ministros eram com frequência solicitados a descobrir os erros da heresia ou os estratagemas do facciosismo, a combater as intrigas de irmãos pérfidos, inquinar-lhes os nomes de merecida infâmia e expulsá-los do seio de uma sociedade cujas paz e felicidade haviam tentado perturbar. Os governantes eclesiásticos dos cristãos eram ensinados a unir a sabedoria da serpente à inocência da pomba; porém, assim como aquela se refinou, esta foi sendo aos poucos corrompida pelos hábitos do mando. Na Igreja, tanto quanto no mundo leigo, as pessoas que ocupavam qualquer cargo público se destacavam por sua eloquência e firmeza, por seu conhecimento dos homens e por sua destreza no trato dos negócios; e ao mesmo tempo que escondiam dos outros, e quiçá de si mesmas, os motivos secretos de sua conduta, recaíam também muito amiúde em todas as turbulentas paixões da vida ativa, as quais se impregnavam de resto de certo grau de acrimônia e obstinação nelas infundido pelo ardor espiritual.

A direção da Igreja tem sido amiúde o objeto bem como o prêmio das disputas religiosas. Os contendores hostis de Roma, de Paris, de Oxford e de Genebra forcejaram cada qual a seu modo por reduzir o primitivo modelo apostólico[25] aos respectivos padrões de sua própria política. Os poucos que levaram avante a investigação com mais isen-

25 O Partido Aristocrático na França, assim como na Inglaterra, manteve com firmeza a origem divina dos bispos. Mas os presbiterianos calvinistas não os aceitavam como superiores e o pontífice romano se recusou a reconhecê-los como tal.

ção e franqueza são da opinião de que os apóstolos declinaram o ofício de legislar e optaram por tolerar antes alguns escândalos de facciosismo e divisão do que excluir os cristãos de uma época futura da liberdade de variar suas formas de governo eclesiástico em conformidade com as mudanças dos tempos e das circunstâncias. O plano de ação que, por eles aprovado, foi instituído no primeiro século pode ser deduzido das práticas adotadas em Jerusalém, Éfeso ou Corinto. As comunidades estabelecidas nas cidades do Império Romano estavam unidas tão só pelos laços da fé e da caridade. Independência e igualdade eram as bases de sua organização interna. A ausência de disciplina e cultura humana era obviada pela ocasional assistência dos *profetas*, que eram chamados a exercer essa função sem distinções de idade, sexo ou talentos naturais e que, tão logo sentiam o divino impulso, extravasavam as efusões do Espírito por sobre a assembleia dos fiéis. Mas os mestres proféticos abusavam com frequência desses dons extraordinários, dando-lhes má aplicação. Exibiam-nos em ocasiões inconvenientes, perturbando presunçosamente o culto litúrgico da assembleia, e por via de sua soberba ou ardor errôneo causavam, particularmente na Igreja apostólica de Corinto, um longo séquito de deprimentes perturbações. Por se ter tornado inútil e até mesmo perniciosa a instituição dos profetas, seus poderes foram cassados e seu cargo, abolido. As funções públicas da religião passaram a ser confiadas tão só aos ministros oficiais da Igreja, aos bispos e aos presbíteros, duas denominações que, originariamente, parecem ter designado o mesmo cargo e a mesma classe de pessoas. O nome de *presbítero** dava a entender-lhes a idade, ou, antes, a gravidade e a sabedoria. O título de *bispo*** indicava a inspeção, que estava

---

* Palavra originária do grego, no qual significa "o mais idoso".
** Palavra derivada de um verbo grego que significa "inspecionar", "visitar".

OS CRISTÃOS E A QUEDA DE ROMA

confiada a seu cuidado pastoral, da fé e dos costumes dos cristãos. Proporcionalmente ao número de fiéis, um número maior ou menor desses *presbíteros episcopais* orientava cada congregação incipiente com igual autoridade e conselhos conjuntos.

Mesmo a mais perfeita igualdade de privilégios exige a mão diretora de um magistrado superior; e a ordem das deliberações públicas cedo instaura o cargo de presidente, investido no mínimo da autoridade de recolher as opiniões e executar as resoluções da assembleia. A preocupação da tranquilidade pública, que teria sido interrompida com tanta frequência por eleições ocasionais ou anuais, levou os cristãos primitivos a constituírem uma magistratura honorífica e perpétua e a escolherem um dos mais sábios e santos de seus presbíteros para exercer, durante toda a sua vida, os deveres de governante eclesiástico. Foi em tais circunstâncias que o alto título de bispo começou a sobrepujar a humilde designação de presbítero; conquanto esta continuasse a ser a distinção mais natural para os membros de qualquer Senado cristão, aquela se adequava melhor à dignidade de seu novo presidente. As vantagens dessa forma episcopal de administração, que parece ter sido introduzida antes do fim do século I, eram tão óbvias e tão importantes para a grandeza futura e para a paz atual da cristandade que ela foi adotada sem demora por todas as comunidades disseminadas pelo Império. Adquiriu desde o princípio a sanção de antiguidade, e é ainda reverenciada pelas Igrejas mais poderosas do Oriente e do Ocidente como uma instituição primitiva e mesmo divina.[26] Escusa dizer que os piedosos e humildes presbíteros inicialmente honrados com o título episcopal não podiam ter, e provavelmente os teriam rejeitado, o poder e a pompa que hoje

26 Transpostas as dificuldades do primeiro século, o governo episcopal estabeleceu-se em toda parte, até ser interrompido pelo espírito republicano dos reformadores suíços e alemães.

circundam a tiara do pontífice romano ou a mitra do prelado alemão. Mas é possível definir em poucas palavras os estreitos limites de sua jurisdição original, a qual assumia caráter principalmente espiritual, embora em alguns casos tivesse também natureza temporal. Consistia ela na administração dos sacramentos e da disciplina da Igreja, na supervisão das cerimônias religiosas (cujos número e variedade aumentaram gradualmente), na consagração de ministros eclesiásticos (a quem o bispo atribuía as respectivas funções), na gerência dos fundos públicos e na decisão de todas as diferenças que os fiéis não quisessem expor perante o tribunal de um juiz idólatra. Por breve período, esses poderes foram exercidos em conformidade com o parecer de um colégio presbiteral e com o consentimento e a aprovação da assembleia de cristãos. Os primitivos bispos eram tidos como os primeiros de seus iguais e os servidores honoríficos de uma comunidade livre. Sempre que a presidência episcopal vagava por morte, escolhia-se um novo presidente entre os presbíteros pelo sufrágio de toda a congregação, cada um de cujos membros se julgava investido de caráter sagrado e sacerdotal.

Por essa branda e igualitária organização governaram-se os cristãos mais de uma centena de anos após a morte dos apóstolos. Cada comunidade formava por si uma república separada e independente, e embora os mais distantes desses pequenos Estados mantivessem intercâmbio amistoso por meio de cartas e delegações, o mundo cristão não estava ainda unificado por nenhuma autoridade suprema ou assembleia legislativa. Conforme se multiplicava o número de fiéis, foram eles descobrindo as vantagens que poderiam advir de uma união mais íntima de seus interesses e propósitos. Pelo fim do século II, as Igrejas da Grécia e da Ásia Menor adotaram a útil instituição dos sínodos provinciais, e é muito supor que tenham tomado emprestado o modelo de um conselho representativo dos célebres exemplos de sua própria

OS CRISTÃOS E A QUEDA DE ROMA 55

pátria, os anfictiões,* a liga acaia** ou as assembleias das cidades jônicas. Cedo se firmou o costume ou a lei de os bispos das igrejas independentes se encontrarem na capital da província nos períodos fixos da primavera e do outono. Suas deliberações eram assistidas pelo conselho de alguns presbíteros de destaque e moderadas pela presença de uma multidão de ouvintes. Os decretos desses sínodos, chamados cânons, regulamentavam toda controvérsia importante em matéria de fé e de disciplina, e era natural a crença de que uma generosa efusão do Espírito Santo se derramasse sobre a assembleia unida dos delegados da gente cristã. A instituição dos sínodos atendia de tal modo à ambição pessoal e ao interesse público que no espaço de poucos anos se generalizou pelo Império todo. Estabeleceu-se uma correspondência regular entre os conselhos provinciais, os quais se comunicavam entre si e aprovavam suas respectivas atas, pelo que a Igreja católica logo assumiu a forma e adquiriu a solidez de uma grande república federativa.

Como a autoridade legislativa das igrejas individuais foi sendo progressivamente substituída pelo uso de conselhos, os bispos adquiriram, por via de sua aliança, um quinhão muito maior de poder executivo e arbitrário; tão logo se vincularam pela consciência de seus interesses comuns, ficaram capacitados a atacar, com vigor conjunto, os direitos originais de seu clero e da comunidade. Os prelados do século III aos poucos foram convertendo a

---

* Cada um dos membros do conselho de Estado da antiga Grécia que se reunia para discutir assuntos de interesse comum.

** União formada pelos aqueus, que habitavam o norte do Peloponeso, ao redor do golfo de Corinto, na Grécia; a primeira liga acaia se constituiu antes do século v a.C. e se opôs posteriormente a Filipe II da Macedônia (338 a.C.), dissolvendo-se em seguida; no século II, ainda contra o domínio macedônico, formou-se uma liga acaia.

linguagem da exortação em linguagem de comando, espalhando as sementes de futuras usurpações e suprindo com alegorias e retórica declamatória das Escrituras suas deficiências de força e de razão. Exaltavam eles a unidade e o poderio da Igreja tal como representada no OFÍCIO EPISCOPAL, em que cada bispo desfrutava quinhão igual e indiviso. Príncipes e magistrados, repetiam com frequência, podiam alegar um domínio transitório e terreno, mas somente a autoridade episcopal procedia da Divindade e se estendia por este e pelo outro mundo. Os bispos eram os delegados de Cristo, os sucessores dos apóstolos e os substitutos místicos do alto sacerdote da lei mosaica. Seu privilégio exclusivo de conferir a condição sacerdotal usurpava os direitos das eleições tanto clericais quanto populares, e se eles, na administração da Igreja, consultavam ainda o juízo dos presbíteros ou a inclinação da comunidade, não se esqueciam de inculcar, cuidadosamente, o mérito de tal condescendência voluntária. Os bispos reconheciam a suprema autoridade de que estava investida a assembleia de seus irmãos; todavia, na administração de sua diocese particular, cada um deles exigia de seu *rebanho* a mesma implícita obediência devida no caso de essa metáfora favorita ser literalmente justa e de o pastor possuir natureza mais elevada que a de suas ovelhas. Tal obediência só se impunha, contudo, com certo esforço, de uma parte, e certa resistência, da outra. O lado democrático da organização era em muitos lugares entusiasticamente encarecido pelo ardor ou pela oposição de interesses do clero inferior. Mas o patriotismo deste recebia os epítetos ignominiosos de facciosismo e cisma, e a causa episcopal devia seu rápido progresso aos esforços de muitos prelados ativos que, como Cipriano de Cartago,*

---

* Santo e pai da Igreja (m. 258 d.C.), foi bispo de Cartago e, na luta em prol da unidade da Igreja, formulou-lhe as doutrinas ortodoxas.

OS CRISTÃOS E A QUEDA DE ROMA

logravam conciliar a astúcia do mais ambicioso dos estadistas com as virtudes que pareciam adaptar-se melhor ao caráter de um santo e de um mártir.[27]

As mesmas causas que haviam inicialmente destruído a igualdade dos presbíteros suscitaram, entre os bispos, uma primazia de posição e, em consequência, uma superioridade de jurisdição. Quando, na primavera e no outono, eles se reuniam num sínodo provincial, a diferença de mérito e de reputação pessoal se fazia sentir agudamente entre os membros da assembleia, e a multidão era dominada pela sabedoria e eloquência de uns poucos. Entretanto, a ordem das instituições públicas exigia uma forma de distinção mais regular e menos invejosa; o cargo de presidentes perpétuos dos conselhos de cada província foi conferido aos bispos das cidades principais; e esses ambiciosos prelados, que logo adquiriram os altos títulos de metropolitas e primazes, secretamente se prepararam para usurpar de seus irmãos de episcopado a mesma autoridade que os bispos ultimamente tinham assumido no colégio dos presbíteros. Não tardou a uma emulação de preeminência e poder se estabelecer entre os próprios metropolitas, cada um dos quais timbrava em alardear, nos termos mais pomposos, as honras e vantagens temporais da cidade a que presidia, o número e a opulência dos cristãos sujeitos a seu cuidado pastoral, os santos e mártires entre eles surgidos, e a pureza com que preservavam a tradição da fé tal como lhes fora transmitida por uma série de bispos ortodoxos desde o apóstolo ou discípulo apostólico a que se atribuía a fundação de sua Igreja. Por todas as causas de natureza civil ou eclesiástica, era fácil prever que Roma devia me-

27 Não fossem Novato, Felicíssimo etc., a quem o bispo de Cartago expulsou de sua igreja e da África, os mais detestáveis monstros de iniquidade, o zelo de Cipriano deve ter prevalecido, ocasionalmente, sobre sua veracidade.

recer o respeito, e logo iria reclamar a obediência, das províncias. A comunidade de fiéis estava proporcionada à capital do Império: a Igreja romana era a maior, a mais numerosa e, no que respeitava ao Ocidente, a mais antiga de todas as Igrejas cristãs, muitas das quais tinham recebido sua religião dos piedosos esforços dos missionários dela. Em vez de um fundador apostólico, o maior motivo de orgulho de Antioquia, de Éfeso ou de Corinto, as margens do Tibre tinham sido honradas, ao que constava, com a pregação e o martírio dos dois mais eminentes apóstolos; e os bispos de Roma muito sensatamente reivindicavam a herança de quaisquer prerrogativas que fossem atribuídas ou à pessoa ou ao cargo de são Pedro.[28] Os bispos da Itália e das províncias estavam dispostos a conceder-lhes uma primazia de ordem e de associação (esta a acuradíssima expressão que usaram) no seio da aristocracia cristã. Mas o poder de monarcas foi-lhes recusado com execração, e a índole ambiciosa de Roma encontrou, por parte das comunidades da Ásia Menor e da África, vigorosa resistência a seu domínio espiritual, mais vigorosa ainda do que a outrora oposta a seu domínio temporal. O patriótico Cipriano, que governava com absoluta soberania a Igreja de Cartago e os sínodos provinciais, resistiu resoluta e vitoriosamente à ambição do pontífice romano; astutamente ligou sua própria causa à dos bispos orientais e, como Aníbal, buscou novos aliados no coração da Ásia Menor. Se essa guerra púnica foi conduzida sem nenhum derramamento de sangue, isso se deveu muito menos à moderação do que à fraqueza dos prelados em luta. Invectivas e excomunhões eram *suas* únicas armas, que, durante o curso

28 Apenas em francês é exata a famosa alusão ao nome de são Pedro. *Tu es* Pierre *et sur cette* pierre... Essa alusão é imperfeita em grego, latim, italiano etc., e totalmente ininteligível em nossas línguas teutônicas.

de toda a controvérsia, brandiram uns contra os outros com a mesma fúria e devoção. A dura necessidade de censurar um papa ou um santo mártir aflige os católicos modernos sempre que se veem obrigados a narrar os pormenores de uma disputa em que os campeões da religião se entregaram a paixões que parecem ser mais próprias do Senado ou do campo de batalha.

O avanço da autoridade eclesiástica deu origem à memorável distinção entre laicato e clero, distinção que gregos e romanos haviam desconhecido. A primeira dessas denominações abrangia o conjunto da comunidade cristã; a segunda, em conformidade com a significação da palavra, se adequava à porção seleta reservada para serviço da religião, uma célebre ordem de homens que forneceu à história moderna os assuntos mais importantes, embora nem sempre os mais edificantes. Suas hostilidades mútuas perturbavam por vezes a paz da Igreja incipiente, mas o ardor e a diligência se uniam numa causa comum; e o amor ao poder, que sob os mais astuciosos disfarces se podia insinuar nos corações de bispos e mártires, estimulava-os a aumentar o número de seus súditos e a ampliar os limites do império cristão. Estavam destituídos de qualquer poderio temporal, e por longo tempo se viram desencorajados e oprimidos, mais do que assistidos, pelo magistrado civil; todavia, haviam adquirido, e os usavam dentro de sua própria comunidade, os dois mais eficazes instrumentos de governo, recompensas e punições, aquelas derivadas da piedosa liberalidade, estas das devotas apreensões dos fiéis.

1. *Recompensas.* A comunhão de bens, que entretivera de modo tão prazeroso a imaginação de Platão e que subsistira em certa medida na austera seita dos essênios, por um breve período de tempo foi adotada na Igreja primitiva. O fervor dos primeiros prosélitos os animou a vender as possessões terrenas que desprezavam, a depor o dinheiro apurado aos pés dos apóstolos e a contentar-

-se com igual quinhão na partilha geral. O progresso da religião cristã afrouxou e gradualmente aboliu essa generosa instituição, que em mãos menos puras que as dos apóstolos bem cedo se teria corrompido e desmandado pela recrudescência do egoísmo da natureza humana; aos convertidos à nova religião permitiu-se manter a posse de seu patrimônio, receber legados e heranças, e aumentar sua propriedade privada por todos os meios legais do comércio e da indústria. Em vez de um sacrifício total, uma proporção moderada era aceita pelos ministros do Evangelho, e em suas assembleias semanais ou mensais cada crente, em conformidade com a exigência da ocasião e na medida de sua riqueza e piedade, fazia uma oferta voluntária em benefício do fundo comum. Nada, por mais insignificante que fosse, era recusado; inculcava-se porém, assiduamente, a ideia de que, no tocante ao dízimo, a lei mosaica ainda tinha divina vigência e que, como os judeus, sob disciplina menos perfeita, receberam ordem de pagar um décimo de tudo quanto possuíam, cumpria aos discípulos de Cristo distinguir-se por um grau superior de liberalidade e granjear algum mérito, abrindo mão de uma riqueza supérflua que tão cedo se iria aniquilar juntamente com o próprio mundo. Quase escusava observar que a receita de cada igreja, de natureza tão incerta e tão flutuante, deve ter variado na medida da pobreza ou da opulência dos fiéis, os quais estavam dispersos por aldeias obscuras ou reunidos nas grandes cidades do Império. No tempo do imperador Décio, era opinião do magistrado de Roma que os cristãos possuíam riquezas consideráveis, que usavam vasos de ouro e prata em seu culto religioso, e que muitos de seus prosélitos haviam vendido suas terras e casas para aumentar as riquezas públicas da seita — em prejuízo certamente de sua infortunada prole, que se tornou mendiga porque seus pais tinham sido santos. Devemos encarar com desconfiança as suspeitas de estranhos e inimigos; naquela ocasião, porém, elas assumiram

OS CRISTÃOS E A QUEDA DE ROMA   61

uma coloração provável e assaz especiosa em razão das
duas circunstâncias seguintes, as únicas chegadas a nosso
conhecimento que especificam uma soma precisa e uma
ideia distinta. Quase no mesmo período, o bispo de Cartago, governante de uma comunidade menos opulenta
que a de Roma, arrecadou 100 mil sestércios (mais de
850 libras esterlinas), numa súbita campanha de caridade
para redimir os irmãos da Numídia, os quais haviam sido
levados como cativos pelos bárbaros do deserto. Cerca de
cem anos antes do reinado de Décio, a Igreja romana recebera, numa única doação, a soma de 200 mil sestércios
de um estranho do Ponto, que decidira fixar residência na
capital. Tais oferendas eram feitas em dinheiro, na maioria dos casos; a comunidade dos cristãos não tinha desejo
nem capacidade de avir-se com propriedade fundiária de
qualquer vulto que fosse. Várias leis determinavam, com
o mesmo propósito de nossos estatutos de mão-morta,
que nenhuma propriedade fundiária poderia ser dada ou
legada a qualquer pessoa jurídica, a não ser com privilégio especial ou dispensa específica do imperador ou do
Senado, que raramente estariam dispostos a concedê-los
a uma seita que fora a princípio alvo de seu desprezo e
por fim de seus temores e ressentimentos. Consta, porém,
ter havido no reinado de Alexandre Severo uma transa-
ção reveladora de que a restrição era por vezes burlada
ou suspensa, sendo permitido aos cristãos reivindicar ou
possuir terras dentro dos limites da própria Roma. O progresso da cristandade e a confusão civil do Império contribuíram para afrouxar a severidade das leis; antes do
fim do século III, consideráveis propriedades foram ou-
torgadas às opulentas Igrejas de Roma, Milão, Cartago,
Antioquia, Alexandria e outras grandes cidades da Itália
e das províncias.

O bispo era o ecônomo natural da Igreja; os fundos
públicos ficavam confiados à sua guarda, sem prestação
de contas nem fiscalização; os presbíteros se confinavam

a suas funções espirituais, e a ordem mais dependente dos diáconos só era usada na administração e na distribuição da receita eclesiástica. Se podemos dar crédito às veementes arengas de Cipriano, havia muitos de seus confrades africanos que, no desempenho de seu cargo, violavam todos os preceitos não só da perfeição evangélica como até da virtude moral. Alguns desses ecônomos desleais esbanjaram as riquezas da Igreja em prazeres sensuais; outros as desvirtuaram para fins de ganho privado, de compras fraudulentas e de usura rapace. Mas enquanto as contribuições da comunidade cristã fossem livres e voluntárias, o abuso de sua confiança não podia ser muito frequente e os fins gerais em que sua liberalidade era usada só honravam a instituição religiosa. Uma parte razoável estava reservada à manutenção do bispo e de seu clero; uma soma suficiente destinava-se às despesas do culto público, do qual as festas de amor — os *agapoe*, tais como eram chamados — constituíam parte muito aprazível. Todo o restante formava o sagrado patrimônio dos pobres. De acordo com o juízo do bispo, era distribuído para amparar viúvas, órfãos, aleijados, enfermos e anciãos da comunidade, para auxiliar forasteiros e peregrinos, e para aliviar os sofrimentos de prisioneiros e cativos, especialmente quando tinham sido ocasionados por sua firme lealdade à causa da religião. Um generoso intercâmbio de caridade unia as províncias mais distantes, e as congregações menores eram prazenteiramente assistidas pelas esmolas de seus confrades mais opulentos. Uma instituição assim, que atentava menos para o mérito do que para as aflições do assistido, promovia de modo assaz material o progresso da cristandade. Os mesmos pagãos que mofavam da doutrina reconheciam a benevolência da nova seita. A perspectiva de alívio imediato e de proteção futura atraía para seu seio acolhedor muitos daqueles infelizes que o descaso do mundo teria deixado entregues aos infortúnios da carência, da enfermidade e da velhice. É de

OS CRISTÃOS E A QUEDA DE ROMA   63

crer, igualmente, que grande número de infantes abandonados por seus pais, de acordo com o costume desumano da época, foi frequentemente salvo da morte, batizado, criado e mantido pela piedade dos cristãos e à custa do tesouro público.[29]

2. *Punições na Igreja primitiva*. É direito inconteste de toda sociedade excluir da sua coparticipação e benefícios aqueles de seus membros que rejeitaram ou violaram os regulamentos estabelecidos por consenso comum. No exercício de tal poder, as censuras da Igreja cristã se voltavam principalmente contra os pecadores escandalosos e em particular contra os culpados de homicídio, fraude ou incontinência; contra os autores ou partidários de quaisquer opiniões heréticas que tivessem sido condenadas pelo juízo da ordem episcopal; e contra os infelizes que, por escolha ou compulsão, se tivessem conspurcado, após o batismo, por qualquer ato de culto idólatra. As consequências da excomunhão eram de natureza temporal e espiritual. Os cristãos contra os quais ela tivesse sido lançada se viam privados de participar das oblações dos fiéis. Dissolviam-se os vínculos de amizade quer religiosa quer pessoal; ele se tornava objeto profano de aversão por parte das pessoas às quais mais estimava ou pelas quais houvesse sido mais ternamente amado; e na medida em que uma expulsão do seio de uma sociedade pudesse imprimir-lhe no caráter um selo de desonra, as pessoas em geral o evitavam ou o encaravam suspeitosamente. A situação desses infortunados banidos era por si só muito dolorosa e entristecedora, mas, como usualmente acontece, suas apreensões excediam-lhes de muito os sofrimentos. A comunhão cristã oferecia os benefícios da vida eterna; eles não podiam apagar da mente a terrí-

---

29 Essa, ao menos, tem sido a louvável conduta de missionários mais modernos nas mesmas circunstâncias. Mais de 3 mil recém-nascidos são expostos a cada ano nas ruas de Pequim.

vel crença de que àqueles mesmos dirigentes eclesiásticos pelos quais tinham sido condenados entregara à Divindade as chaves do Inferno e do Paraíso. Os heréticos, que poderiam na verdade encontrar apoio na consciência de suas intenções e na lisonjeira esperança de terem sido os únicos a encontrar o caminho da salvação, empenhavam-se em recobrar, em suas assembleias em separado, os confortos temporais e espirituais que não mais recebiam da grande comunidade dos cristãos. Mas quase todos quantos houvessem relutantemente cedido ao poder do vício ou da idolatria estavam cônscios de sua condição decaída e ansiosamente desejosos de serem restituídos aos benefícios da comunhão cristã.

No tocante ao tratamento desses penitentes, duas opiniões opostas, uma de justiça, outra de clemência, dividiam a Igreja primitiva. Os casuístas mais rígidos e mais inflexíveis lhes recusavam para sempre, e sem exceção, qualquer lugar, por mínimo que fosse, na sacra comunidade que tinham desonrado e desertado; e, deixando-os entregues ao remorso de uma consciência culposa, favoreciam-nos com apenas um débil raio de esperança: o de que a contrição de sua vida e de sua morte pudesse possivelmente ser aceita pelo Ser Supremo. Uma atitude mais branda era a adotada, na prática e na teoria, pelas Igrejas cristãs mais puras e mais respeitáveis. Raras vezes elas fechavam ao penitente de regresso as portas da reconciliação e do céu, mas impunham-lhe uma severa e solene forma da disciplina que, ao mesmo tempo que servia para expiar-lhe o crime, lograria eficazmente dissuadir os espectadores de imitar o exemplo. Humilhado por uma confissão pública, emaciado pelo jejum e vestido de saco, o penitente se prostrara à porta da assembleia, implorando com lágrimas o perdão de sua ofensa e solicitando as preces dos fiéis. Se a falta fosse de natureza muito atroz, anos inteiros de penitência eram tidos como satisfação inadequada para a justiça divina; sempre por

OS CRISTÃOS E A QUEDA DE ROMA

via de gradações lentas e penosas é que o pecador, o herege ou o apóstata lograva ser readmitido ao seio da Igreja. Reservava-se contudo uma sentença de excomunhão perpétua para certos crimes de extraordinária magnitude, particularmente para as indesculpáveis reincidências dos penitentes que, tendo já experimentado a clemência de seus superiores eclesiásticos, dela houvessem abusado. Ficava a critério dos bispos variar o exercício da disciplina cristã, em conformidade com as circunstâncias e o número de culpados. Os concílios de Ancira e de Illiberis, ou Elvira, se reuniram ao mesmo tempo, um na Galácia,* o outro na Hispânia; seus respectivos cânones, que chegaram até nós, parecem animados de espírito muito diverso. O gálata que, após o batismo, houvesse repetidas vezes se sacrificado a ídolos poderia obter o perdão por uma penitência de sete anos; e se tivesse induzido outros a imitar-lhe o exemplo, somente mais três anos eram acrescentados ao termo de seu banimento. Mas o desditoso hispânico que cometesse o mesmo pecado ficava privado da esperança de reconciliação, mesmo em artigo de morte, e sua idolatria era colocada no topo de uma lista de dezessete outros crimes contra os quais se pronunciava sentença não menos terrível. Entre eles podemos destacar a inexpiável culpa de caluniar um bispo, um presbítero ou até mesmo um diácono.

A equilibrada mistura de benevolência e rigor, a judiciosa aplicação de castigos e recompensas, segundo as máximas da prudência política e da justiça, consti-

* Antigo território da Ásia Menor, na Turquia atual (ao redor de Ancara). Recebeu seu nome dos gauleses que a conquistaram em 25 a.C. Sua principal cidade era Ancira, hoje Ancara. São Paulo endereçou aos gálatas, que seguiam rigidamente a lei mosaica como via de redenção, uma epístola incluída no Novo Testamento, advertindo-os de que, aos olhos de Deus, o homem é justificado antes pela fé em Cristo do que pela estrita obediência à lei.

tuíam a força humana da Igreja. Os bispos, cujo cuidado paternal se estendia ao governo de ambos os mundos, estavam cônscios da importância dessas duas prerrogativas; encobrindo sua ambição sob a impoluta capa de amor pela ordem, mostravam-se ciumentos de qualquer rival no exercício de uma disciplina tão necessária para evitar a deserção das tropas que se haviam alistado sob a bandeira da Cruz e cujo número avultava mais e mais a cada dia. Das autoritárias arengas de Cipriano, devemos naturalmente concluir que as doutrinas de excomunhão e penitência constituíam a parte mais essencial da religião, sendo muito menos perigoso aos discípulos de Cristo negligenciar a observância dos deveres morais que desprezar as censuras e a autoridade de seus bispos. Às vezes, podemos até imaginar que estivessem ouvindo a voz de Moisés, quando ordenava à terra que se abrisse e engolisse em chamas a raça rebelde que recusava obediência ao sacerdócio de Aarão; outras vezes, podemos imaginar estar ouvindo um cônsul romano a sustentar a majestade da república e a afirmar sua inflexível resolução de aplicar o rigor das leis. "Se tais irregularidades forem toleradas impunemente" (é assim que o bispo de Cartago repreende a leniência de seu colega), "se tais irregularidades forem toleradas, será o fim do VIGOR EPISCOPAL; o fim do sublime e divino poder de governar a Igreja; o fim da própria cristandade." Cipriano renunciara às honrarias temporais que provavelmente nunca teria obtido; todavia a aquisição de tão absoluto domínio das consciências e do entendimento de uma congregação, por obscura que fosse ou desprezada pelo mundo, é mais grata, na verdade, à soberba do coração humano que à posse do poder mais despótico imposto pelas armas e pela conquista sobre um povo relutante.

No decurso deste importante ainda que talvez tedioso exame, tentei apontar as causas secundárias que contribuíram de forma tão eficaz para a vitória da re-

OS CRISTÃOS E A QUEDA DE ROMA

ligião cristã. Se entre tais causas pusemos a descoberto alguns ornamentos artificiais, certos fatores acidentais ou uma ou outra mistura de erro e paixão, não estranha que a humanidade fosse fortemente afetada por essas causas, adequadas a sua natureza imperfeita. Foi graças ao contributo dessas causas, a saber, o zelo exclusivo, a expectativa imediata de outro mundo, a reivindicação de milagres, a prática de uma virtude rígida e a constituição da Igreja primitiva, que o cristianismo se disseminou com tanto sucesso no Império Romano. À primeira delas deviam os cristãos sua coragem inquebrantável, que os levava a desprezar a capitulação diante do inimigo que estavam determinados a derrotar. As três seguintes proporcionavam à coragem as armas mais temíveis. E a última causa mobilizava-lhes a coragem, orientava-lhes as armas e dava a seus esforços aquele ímpeto irresistível que, com tanta frequência, possibilita que mesmo um pequeno grupo de voluntários bem treinados e destemidos leve a melhor sobre uma multidão indisciplinada, desconhecedora do assunto e despreocupada com a eclosão de uma guerra. Nas diversas religiões politeístas, alguns fanáticos errantes do Egito e da Síria, que tiravam proveito da superstição crédula do populacho, talvez formassem a única ordem clerical[30] que derivava todo o seu sustento e o seu prestígio da profissão sacerdotal e demonstrava um profundo interesse pessoal na segurança e na prosperidade de suas deidades tutelares. De modo geral, os ministros do politeísmo, quer em Roma, quer nas províncias, eram homens de origem nobre e abastados, que recebiam, como distinção honrosa, a guarda de um templo famoso ou a realização de um sacrifício

30 Apuleio descreve com muito humor, no oitavo livro de suas *Metamorfoses*, as artimanhas, os costumes e os vícios dos sacerdotes da deusa síria.

público, organizavam os jogos sagrados,[31] muitas vezes a suas próprias expensas, e oficiavam com fria indiferença os ritos antigos, segundo as leis e os costumes de sua região. No desempenho das ocupações ordinárias da vida, raramente um espírito de interesse ou os hábitos de uma índole eclesiástica motivavam-lhes o zelo e a devoção. Confinados, cada um deles, em seus templos e cidades, não os unia conexão alguma de disciplina ou governo, e embora reconhecessem a jurisdição suprema do senado, do colegiado de pontífices e do imperador, esses magistrados civis satisfaziam-se com o fácil encargo de manter, em paz e dignidade, o culto geral da população. Já vimos quão diversos, frouxos e incertos eram os sentimentos religiosos dos politeístas, que se achavam entregues, quase sem controle, aos mecanismos naturais de uma fantasia supersticiosa. As circunstâncias acidentais de sua vida e situação determinavam o objeto, assim como o grau, de sua devoção; e enquanto sua adoração se vendia, em sucessão, a mil e uma divindades, dificilmente seus corações poderiam ser suscetíveis a um entusiasmo muito sincero ou intenso por alguma delas.

Quando o cristianismo surgiu, mesmo essas sensações débeis e imperfeitas haviam perdido muito de sua força original. A razão humana, que com sua energia desassistida é incapaz de perceber os mistérios da fé, já lograra um fácil triunfo sobre a insensatez do paganismo; e quando Tertuliano e Lactâncio dedicam-se à labuta de denunciar-lhe a falsidade e a extravagância, veem-se obrigados a transcrever a eloquência de Cícero e o espírito de Luciano. O contágio desses escritos céticos se difundira muito além do número de seus leitores.

---

31 Era dessa natureza o cargo de asiarca, mencionado com frequência em Aristides, as Inscrições etc. Anual e eletivo, o cargo só podia ser ambicionado pelos cidadãos mais vaidosos, e tão só os mais abastados eram capazes de suportar-lhe os gastos.

OS CRISTÃOS E A QUEDA DE ROMA

A voga da incredulidade comunicava-se do filósofo ao sibarita ou ao mercador, do nobre ao plebeu e do senhor ao elemento servil que o servia à mesa e atentava os ouvidos à liberdade de sua conversa. Em ocasiões públicas, a parte filosófica da população simulava tratar com respeito e decência as instituições religiosas de sua terra, porém seu desprezo secreto transpassava o ralo e tosco disfarce, e até a gente do povo, ao descobrir que suas divindades eram rejeitadas e escarnecidas por aqueles cuja posição ou saber estavam habituados a reverenciar, enchia-se de dúvidas e apreensões com relação à verdade daquelas doutrinas, nas quais haviam depositado a fé mais implícita. O declínio de prejuízos antigos expôs uma porção muito numerosa da raça humana ao perigo de uma situação dolorosa e desconfortável. Um estado de ceticismo e insegurança talvez divirta alguns espíritos inquisitivos. No entanto, a prática da superstição é tão consentânea à turba que se esta é despertada com vigor, lamenta a perda de sua visão beatífica. Seu amor ao maravilhoso e ao sobrenatural, sua curiosidade em relação a fatos futuros e sua forte propensão a estender suas esperanças e temores além dos limites do mundo visível foram as causas principais a favorecerem a instituição do politeísmo. Tão persistente é no vulgo a necessidade de crer que, à derrocada de qualquer sistema de mitologia, se sucede, com toda a probabilidade, a introdução de algum outro sistema de superstição. Certas deidades de cunho mais recente e inovador poderiam ter logo ocupado os templos abandonados de Júpiter e Apolo se, no momento decisivo, a sabedoria da Providência não houvesse interposto uma revelação genuína, de molde a inspirar a mais racional estima e convicção, ao mesmo tempo que se ataviava com tudo quanto era capaz de atrair a curiosidade, o pasmo e a veneração das pessoas. Em sua real disposição, muitos estavam quase libertos de seus preconceitos artificiais, porém igualmente suscetíveis a uma dedicação religiosa; um objeto muito menos meritório teria sido suficiente para preencher o espaço vazio em seus corações e para satisfazer o anelo incerto de suas paixões. Os que se inclinam a avançar nessa reflexão, em vez de contemplar com assombro o rápido progresso do cristianismo, talvez se surpreendam com o fato de seu triunfo não ter sido ainda mais rápido e ainda mais universal.

Assinalou-se, com acerto e propriedade, que as conquistas de Roma prepararam e facilitaram as do cristianismo. No segundo capítulo desta obra, procuramos explicar de que maneira as províncias mais civilizadas da Europa, da Ásia Menor e da África se uniram sob o domínio de um soberano e gradualmente se ligaram pelos mais íntimos vínculos das leis, dos costumes e da língua. Os judeus da Palestina, que haviam credulamente esperado um libertador temporal, acolheram tão friamente os milagres do divino profeta que não se achou necessário publicar, ou pelo menos preservar, qualquer Evangelho hebraico.[32] As histórias autênticas dos atos de Cristo foram compostas em língua grega, a considerável distância de Jerusalém, e após os convertidos gentios terem se tornado extremamente numerosos. Tão logo foram traduzidas para a língua latina, essas histórias ficaram ao alcance do entendimento de todos os súditos de Roma, excetuando-se apenas os campônios da Síria e do Egito, para os quais se fizeram ulteriormente versões específicas. As estradas reais públicas, construídas para uso das legiões, ofereciam cômoda passagem aos missionários cristãos, de Damasco a Corinto, e da Itália

---

32 Os críticos modernos não se dispõem a crer no que os pais da Igreja afirmam quase unanimemente: que são Mateus escreveu um Evangelho em hebraico, do qual só ficou a tradução para o grego. No entanto, parece arriscado negar-lhes o testemunho.

OS CRISTÃOS E A QUEDA DE ROMA   71

aos confins da Hispânia ou da Britânia; tampouco encontraram esses conquistadores espirituais qualquer dos obstáculos que habitualmente retardam ou impedem a introdução de uma religião estrangeira num país remoto. Há fortes razões de acreditar-se que antes dos reinados de Diocleciano e Constantino a fé de Cristo já havia sido pregada em todas as províncias e em todas as grandes cidades do Império; todavia, a fundação de diversas congregações, o número de fiéis que as compunha e sua proporção relativamente à multidão de incréus são dados ora sepultados na obscuridade ou desfigurados por ficção ou catilinária. As informações incompletas que chegaram até nós no tocante ao crescimento da comunidade cristã na Ásia e na Grécia, no Egito, na Itália e no Ocidente, cuidaremos agora de relatá-las, sem esquecer as aquisições além das fronteiras do Império Romano.

As ricas províncias que se estendem do Eufrates ao mar Jônico foram o cenário principal onde o apóstolo dos gentios demonstrou sua dedicação e sua piedade. Seus discípulos cultivaram as sementes do Evangelho por eles semeadas em solo fértil, cumprindo ver que, durante os dois primeiros séculos, a comunidade cristã mais numerosa esteve contida nesses limites. Entre os grupos instituídos na Síria, nenhum era mais antigo ou mais ilustre que os de Damasco, de Bereia ou Alepo, e da Antioquia. A introdução profética do Apocalipse descrevera e imortalizara as sete igrejas da Ásia — Éfeso, Esmirna, Pérgamo, Tiatira, Sardes, Laodiceia e Filadélfia; suas colônias cedo se difundiram pela populosa região. Desde um período assaz recuado, as ilhas de Chipre e Creta, as províncias da Trácia e da Macedônia, acolheram favoravelmente a nova religião; e repúblicas cristãs logo se fundaram nas cidades de Corinto, Esparta e Atenas. A antiguidade das Igrejas gregas e asiáticas lhes dera tempo suficiente para crescerem e multiplicarem-se; mesmo as hostes de gnósticos e outros hereges servem para mostrar o estado florescente da Igreja ortodoxa, de vez que a denominação herege tem sido sempre aplicada ao grupo menos numeroso. A esses testemunhos internos podemos acrescentar a confissão, as queixas e as apreensões dos próprios gentios. Pelas obras de Luciano, um filósofo que estudara os homens e que lhes descreve os costumes com as cores mais vívidas, ficamos sabendo que, sob o reinado de Cômodo, o Ponto, sua região nativa, estava repleta de epicuristas e *cristãos*. Oitenta anos após a morte de Cristo, o humano Plínio lamenta a magnitude do mal que ele tentara em vão erradicar. Em sua epístola tão curiosa ao imperador Trajano, afirma ele que os templos estavam quase desertos, que as vítimas sagradas* raramente encontravam compradores e que a superstição infectara não apenas as cidades, mas tinha se espalhado pelas aldeias e pelos campos do Ponto e da Bitínia.

Sem descer a um exame minucioso das expressões ou dos motivos dos autores que celebraram ou lamentaram o progresso do cristianismo no Oriente, pode-se observar que, de modo geral, nenhum deles nos deixou elemento algum a partir do qual se pudesse fazer uma estimativa correta do número efetivo de fiéis nessas províncias. Um pormenor, contudo, foi felizmente preservado, que parece lançar luz mais distinta sobre essa obscura mas interessante questão. No reinado de Teodósio, após o cristianismo ter desfrutado por mais de sessenta anos o fulgor da consideração imperial, a antiga e ilustre Igreja da Antioquia consistia em 100 mil pessoas, 3 mil das quais eram mantidas com oferendas públicas. O esplendor e a dignidade da rainha do Oriente, a atestada

---

* Em Roma, como antes na Grécia, o ato mais importante do ritual religioso era o sacrifício de animais às divindades, recebendo o nome de "vítima" os animais de grande porte e de "hóstia" os ovinos.

OS CRISTÃOS E A QUEDA DE ROMA   73

população numerosa de Cesareia, Selêucia e Alexandria, e a destruição de 250 mil almas num terremoto que assolou a Antioquia sob Justino, o Velho, são outras tantas provas convincentes de que o número total de seus habitantes não era inferior a meio milhão e de que os cristãos, por mais que se multiplicassem em ardor e poder, não excediam um quinto da população daquela grande cidade. Quão diferente a proporção que nos cumpre admitir quando comparamos a Igreja perseguida com a Igreja triunfante, o Ocidente com o Oriente, aldeias remotas com cidades populosas, e regiões recentemente convertidas à fé com o lugar onde os crentes pela primeira vez receberam a denominação de cristãos! Não se deve contudo ocultar que, em outra passagem, Crisóstomo, a quem devemos essa útil informação, calcula a multidão de fiéis como superior até mesmo à de judeus e pagãos. Mas a solução dessa aparente incongruência é fácil e óbvia. O eloquente pregador traça um paralelo entre a constituição civil e eclesiástica da Antioquia, entre o rol de cristãos que adquiriram o céu por batismo e o rol de cidadãos que tinham direito a beneficiar-se da liberalidade pública. Escravos, forasteiros e infantes estavam compreendidos naquele, mas excluídos deste.

O intenso comércio de Alexandria e sua proximidade da Palestina propiciavam fácil ingresso à nova religião. Foi ela a princípio abraçada por grande número de terapeutas ou essênios, do lago Mareotis, ou Mariout, uma seita judaica que moderara grandemente sua reverência pela lei mosaica. A vida austera dos essênios, seus jejuns e excomunhões, a comunhão de bens, o amor ao celibato, a paixão do martírio e o fervor, embora não a pureza, de sua fé já ofereciam uma imagem muito vívida da disciplina primitiva. Foi na escola de Alexandria que a teologia cristã parece ter assumido forma regular e científica; quando Adriano visitou o Egito, encontrou ali uma Igreja, composta de judeus e de gregos, suficien-

74 EDWARD GIBBON

temente importante para atrair a atenção desse monarca inquiridor. Mas o progresso do cristianismo ficou por longo tempo confinado aos limites de uma só cidade, que era, de si, uma colônia estrangeira; até o fim do século II, os predecessores de Demétrio foram os únicos prelados da Igreja egípcia. Demétrio consagrou pessoalmente três bispos, e o número deles foi aumentado para vinte por seu sucessor Heraclas. A população de naturais, povo que se distinguia por seu temperamento taciturno e inflexível, acolheu a nova doutrina com frieza e relutância; mesmo na época de Orígenes, era raro encontrar-se um egípcio que tivesse superado seus antigos preconceitos em prol dos animais sagrados de seu país. Assim que o cristianismo subiu ao trono, o fervor desses bárbaros obedeceu ao ímpeto dominante; as cidades do Egito regurgitavam de bispos e os desertos da Tebaída,* de eremitas.

Um fluxo contínuo de forasteiros e provincianos acorria para o espaçoso seio de Roma. Tudo o que fosse estranho ou odioso, tudo o que fosse culposo ou suspeito podia almejar iludir a vigilância da lei na obscuridade da imensa capital. Numa confluência tão variada de nações, todo mestre de verdade ou falsidade, todo fundador de associações virtuosas ou criminais poderia multiplicar sem dificuldade seus discípulos ou cúmplices. Os cristãos de Roma, na época da perseguição acidental de Nero, são representados por Tácito como uma já enorme multidão, e a linguagem do grande historiador é quase similar ao estilo empregado por Tito Lívio quando narra a introdução e a supressão dos ritos báquicos. Depois de as bacanais terem suscitado a severidade do Senado, passou-se a temer, de igual modo, que uma multidão

---

* Uma das três divisões territoriais do antigo Egito, cuja capital era Tebas. Seus desertos eram o lugar de retiro dos primeiros eremitas cristãos.

assay considerável, como se se tratasse de *outro povo*, tivesse sido iniciada nesses execrandos mistérios. Uma investigação mais cuidadosa não tardou a mostrar que os delinquentes não ultrapassavam os 7 mil, número suficientemente alarmante, de fato, se considerado como o objeto da justiça pública.[33] É com a mesma prudente relatividade que devemos interpretar as vagas expressões de Tácito, e, no caso anterior, de Plínio, quando exageram as turbas de fanáticos iludidos que haviam desertado do culto oficial dos deuses. A Igreja de Roma foi indubitavelmente a primeira e a mais populosa do Império, e dispomos de um registro autêntico que atesta a situação da religião nessa cidade por volta dos meados do século III, após uma paz de 38 anos. O clero, àquela altura, consistia em um bispo, 46 presbíteros, sete diáconos, outros tantos subdiáconos, 42 acólitos e cinquenta ledores, exorcistas e porteiros. Chegava a 1500 o número de viúvas, de enfermos e de pobres mantidos pelas oblatas dos fiéis. Raciocinando com base nos dados da Antioquia, podemos aventurar-nos a estimar em cerca de 50 mil os cristãos de Roma. O número de habitantes da grande capital não pode talvez ser calculado com precisão, mas a estimativa mais modesta não será certamente inferior a 1 milhão de habitantes, dos quais os cristãos formariam no máximo a vigésima parte.

Os provincianos do Ocidente parecem ter chegado ao conhecimento do cristianismo pela mesma fonte que difundira entre eles a língua, os sentimentos e os costumes de Roma. Nesse ponto de maior importância, tanto a África como a Gália se afeiçoaram pelo modelo da capital. Não obstante as muitas ocasiões favoráveis que poderiam convidar os missionários romanos a vi-

---

33 Nada poderia superar o horror e a consternação do Senado com a descoberta das bacanais, cuja depravação Lívio descreveu e talvez exagerou.

sitar suas províncias latinas, eles tardaram a transpor o mar ou os Alpes; nessas vastas regiões, não conseguimos discernir nenhum vestígio seguro de fé ou de perseguição que fosse anterior ao reinado dos Antonino. O lento progresso do Evangelho no clima frio da Gália diferiu grandemente da avidez com que parece ter sido recebido nas areias escaldantes da África. Os cristãos africanos logo se constituíram num dos membros principais da Igreja primitiva. A prática iniciada nessa província de nomear bispos para as cidades menos importantes, e muito frequentemente para as aldeias mais obscuras, contribuiu para aumentar o esplendor e a importância de suas comunidades religiosas, as quais, no decorrer do século III, eram animadas do fervor de Tertuliano, dirigidas pelo talento de Cipriano e adornadas com a eloquência de Lactâncio. Se, no entanto, voltarmos os olhos para a Gália, teremos de contentar-nos em descobrir, na época de Marco Antonino, as débeis congregações unidas de Lyon e Vienne; mesmo bem mais tarde, durante o reinado de Décio, temos informação segura de que só numas poucas cidades — Arles, Narbona, Tolosa, Limoges, Clermont, Tours e Paris — algumas igrejas isoladas eram mantidas pela devoção de um pequeno número de cristãos. O silêncio quadra bem, na verdade, à devoção; todavia, como raras vezes é compatível com o entusiasmo, podemos discernir e lamentar o estado de apatia da cristandade nas províncias que haviam trocado a língua céltica pela latina, visto não terem elas sido berço, nos três primeiros séculos, de um só autor eclesiástico. Da Gália, que reivindicava uma justa proeminência em matéria de saber e a autoridade sobre todos os países situados do lado de cá dos Alpes, a luz do Evangelho se refletia mais debilmente nas remotas províncias da Hispânia e da Britânia, e, a darmos crédito às veementes afirmativas de Tertuliano, já tinham elas recebido os primeiros raios da fé quando ele endereçou sua Apologia aos magistrados do imperador Severo. Mas a obscura origem das igrejas ocidentais da Europa foi registrada de maneira tão negligente que, para narrar a época e o modo de sua fundação, temos de suprir o silêncio da Antiguidade pelas lendas que a mesquinhez ou a superstição muito depois ditaram aos monges na indolente obscuridade de seus conventos.[34] Dessas sacras narrativas, apenas a do apóstolo são Tiago merece, por sua invulgar extravagância, ser mencionada. De pacífico pescador no lago de Genesaré, ele foi transformado num valoroso cavaleiro que se punha à testa da cavalaria espanhola em suas investidas contra os mouros. Os mais sisudos historiadores lhe celebraram as façanhas; o miraculoso santuário de Compostela punha à mostra seu poder; e a espada de uma ordem militar, secundada pelos terrores da Inquisição, bastou para afastar todas as objeções da crítica profana.[35]

O progresso do cristianismo não se confinava ao Império Romano; segundo os primitivos pais da Igreja, que interpretam os fatos por profecia, a nova religião, um século após a morte de seu Divino Autor, já havia visitado todas as partes do globo. "Não existe", diz Justino Mártir, "nenhum povo, grego, bárbaro ou de qualquer outra raça de homens, quaisquer que sejam a denominação ou costumes que o distinga, por ignorante que seja das artes ou da agricultura, quer more em tendas ou vagueie em carroças cobertas, que não ofereça suas preces, em nome de um Jesus crucificado, ao Pai e Criador de todas as coisas." Mas esse exagero esplendoroso, que mesmo hoje seria extremamente difícil de conciliar com a real

---

34 No século XV, poucos eram os que tinham inclinação ou coragem para questionar se José de Arimateia fundara o mosteiro de Glastenbury ou se Dionísio, o Aeropagita, dava preferência a residir em Paris e não em Atenas.

35 Essa estupenda metamorfose foi realizada no século IX.

condição da humanidade, pode ser considerado apenas um arroubo de um autor devoto mas descuidado, cuja crença se regulava pela medida de seus desejos. Nem a crença nem os desejos dos pais da Igreja podem contudo alterar a verdade histórica. Continua a ser fato inconteste que os bárbaros da Cítia e da Germânia, que subverteram depois a monarquia romana, viviam mergulhados nas trevas do paganismo, e que mesmo a conversão da Ibéria, da Armênia e da Etiópia só foi tentada com algum êxito após o cetro estar nas mãos de um imperador ortodoxo. Antes dessa época, os variados acasos da guerra e do comércio poderiam ter na verdade difundido um conhecimento imperfeito do Evangelho entre as tribos da Caledônia[36] e entre as fronteiras do Reno, do Danúbio e do Eufrates.[37] Para além do rio mencionado por último, Edessa se destacou por sua firme e precoce adesão à fé. De Edessa os princípios do cristianismo se difundiram facilmente até as cidades gregas e sírias que estavam submetidas aos sucessores de Artaxerxes; não parecem elas porém ter feito qualquer impressão profunda no espírito dos persas, cujo sistema religioso, pelos esforços de uma bem disciplinada ordem de sacerdotes, se construíra com muito mais arte e solidez que a incerta mitologia de Grécia e Roma.

Por este imparcial, conquanto imperfeito, levantamento do progresso do cristianismo, é provável que o número de seus prosélitos tenha sido excessivamente

---

36 Segundo Tertuliano, a fé cristã penetrara em partes da Grã--Bretanha inacessíveis às armas romanas. Cerca de um século depois, *diz-se* que já extremamente idoso, Ossian, filho de Fingal, travou uma disputa com um dos missionários estrangeiros; essa disputa, em versos, teria chegado até nós, na língua erse.

37 Os godos, que devastaram a Ásia no reinado de Galieno, levaram consigo grande número de cativos, alguns dos quais eram cristãos e se tornaram missionários.

OS CRISTÃOS E A QUEDA DE ROMA   79

exagerado pelo temor, de uma parte, e pela devoção, de outra. De acordo com o irrepreensível testemunho de Orígenes, a proporção de fiéis era desprezível comparativamente à de incréus; todavia, como nos falta uma informação precisa, torna-se impossível determinar, e difícil até mesmo conjecturar, o número real dos cristãos primitivos. As estimativas mais favoráveis, entretanto, que se podem deduzir dos exemplos da Antioquia e de Roma, só nos facultam imaginar que uma vigésima parte dos súditos do Império se havia alistado na bandeira da cruz antes da importante conversão de Constantino. Mas seus hábitos de fé, entusiasmo e união pareciam multiplicar-lhes o número; e as mesmas causas que contribuíram para seu futuro crescimento servem para lhes tornar mais visível e formidável a força efetiva. A constituição da sociedade civil é tal que, enquanto umas poucas pessoas são privilegiadas com riquezas, honrarias e conhecimento, o grosso do povo se vê condenado à obscuridade, à ignorância e à pobreza. A religião cristã, que se endereçava a toda a raça humana, deve por conseguinte aliciar muito maior contingente de prosélitos entre as classes inferiores do que entre as superiores. Essa circunstância, tanto mais inocente quanto natural, tem sido convertida numa acusação assaz odiosa, menos energicamente refutada pelos apologistas do que encarecida pelos adversários da fé, de a nova seita de cristãos compor-se quase exclusivamente do rebotalho da populaça, campônios e artífices, meninos e mulheres, mendigos e escravos; estes teriam às vezes introduzido os missionários no seio das famílias ricas e nobres a que pertenciam. Tais obscuros mestres (esta a imputação da malevolência e da infidelidade) são tão mudos em público quanto loquazes e dogmáticos em particular. Ao mesmo tempo que evitam cautelosamente o perigoso encontro com filósofos, misturam-se à turba rude e iletrada, insinuando-se nos espíritos que, por sua idade, por seu sexo ou por sua educação, estejam mais dispostos a deixar-se impressionar por temores supersticiosos.

Este esboço desfavorável, embora não destituído de alguma verossimilhança, trai o lápis do inimigo em suas cores sombrias e em seus traços distorcidos. Conforme se difundiu pelo mundo, a humilde fé de Cristo foi adotada por várias pessoas que tinham adquirido certa importância social em razão de seus dotes pessoais ou de sua fortuna. Aristides, que apresentou uma eloquente apologia ao imperador Adriano, era um filósofo ateniense. Justino Mártir buscara conhecimento divino nas escolas de Zenão, de Aristóteles, de Pitágoras e de Platão quando foi ditosamente abordado por um ancião, ou, antes, um anjo, que levou sua atenção a se voltar para o estudo dos profetas judeus. Clemente de Alexandria fizera muitas e variadas leituras em grego, e Tertuliano, em latim. Júlio Africano e Orígenes eram profundamente versados na cultura de suas respectivas épocas, e embora o estilo de Cipriano seja muito diferente do de Lactâncio, quase dão a perceber que ambos os autores haviam sido mestres públicos de retórica. Embora o estudo da filosofia se instaurasse finalmente entre os cristãos, nem sempre produziu efeitos salutares; o saber foi tão amiúde pai da heresia quanto da devoção, e a descrição dos seguidores de Artemon pode com igual propriedade ser aplicada às várias seitas que resistiram aos sucessores dos apóstolos. Eles ousam alterar as Sagradas Escrituras, abandonar o antigo cânone da fé e formar suas opiniões em conformidade com os preceitos sutis da lógica. A ciência da Igreja é negligenciada em prol do estudo da geometria; e eles perdem o céu de vista enquanto se dedicam a medir a terra. Euclides está sempre em suas mãos, Aristóteles e Teofrasto são os alvos de sua admiração, e eles exprimem invulgar reverência pelas obras de Galeno. Seus erros decorrem do abuso das artes e das ciências

OS CRISTÃOS E A QUEDA DE ROMA 81

dos infiéis, e eles corrompem a simplicidade do Evangelho com os refinamentos da razão humana.[38]

Tampouco se pode afirmar em sã consciência que as vantagens de nascimento e fortuna estavam sempre separadas do cristianismo. Diversos cidadãos romanos foram levados perante o tribunal de Plínio, que logo se deu conta de que grande número de pessoas de *todas as classes* da Bitínia havia desertado da religião de seus maiores. O testemunho insuspeito de Plínio pode, nesse caso, merecer mais crédito que o afoito desafio de Tertuliano, quando apela para os temores e para a humanidade do procônsul da África, assegurando-lhe que se ele persistir em suas cruéis intenções, terá de dizimar toda a Cartago e irá encontrar, entre os culpados, muitas pessoas de sua própria classe, senadores e matronas da mais nobre extração e os amigos ou conhecidos de seus amigos mais íntimos. Parece, contudo, que, cerca de quarenta anos mais tarde, o imperador Valeriano se convenceu da verdade dessa assertiva, de vez que, em um de seus éditos, evidentemente supõe que senadores, cavaleiros romanos e damas de prol estavam alistados na seita cristã. A Igreja continuava então a fomentar seu esplendor externo na mesma medida em que se lhe minguava a pureza interna; no reinado de Diocleciano, o palácio, as cortes de justiça e até mesmo o exército ocultavam uma multidão de cristãos que forcejavam por reconciliar os interesses do presente com os de uma vida futura.

No entanto, tais exceções são demasiado poucas em número ou demasiado recentes no tempo para fazer desaparecer a imputação de ignorância e obscuridade que tem sido lançada com tanta arrogância sobre os primeiros prosélitos do cristianismo. Em vez de utilizar em

38 Eusebius, v. 28. É de esperar que ninguém, a não ser os hereges, dê motivo à queixa de Celso de os cristãos estarem continuamente a corrigir e a alterar seus Evangelhos.

nossa defesa as fissões de épocas ulteriores, será mais prudente converter a ocasião de escândalo em tema de edificação. Nossas reflexões mais sérias nos sugerem que os próprios apóstolos foram escolhidos pela Providência entre os pescadores da Galileia e que, quanto mais rebaixarmos a condição social dos primeiros cristãos, mais razão teremos de admirar-lhes o mérito e o êxito. Cumpre-nos diligentemente lembrar que o reino dos céus foi prometido aos pobres de espírito e que as mentes afligidas pela calamidade e pelo desprezo da humanidade ouvem com júbilo a divina promessa de felicidade futura; contrariamente, os afortunados estão satisfeitos com a posse deste mundo e os sábios abusam, em dúvidas e polêmicas, da vã superioridade de sua razão e do saber.

Necessitamos de tais reflexões para confortar-nos com a perda de algumas figuras ilustres que, a nossos olhos, pareceriam sobremaneira dignas da dádiva celeste. Os nomes de Sêneca, de Plínio, o Velho e o Jovem, de Tácito, de Plutarco, de Galeno, do escravo Epiteto e do imperador Marco Aurélio adornam a época em que floresceram e exaltam a dignidade da natureza humana. Encheram de glória suas respectivas esferas de atividade, tanto na vida ativa como na contemplativa; seus excepcionais intelectos se aperfeiçoaram no estudo; a filosofia lhes depurara as mentes dos preconceitos da superstição popular; e seus dias eram gastos na busca da verdade e na prática da virtude. No entanto, todos esses sábios (o que é causa não menos de surpresa que de preocupação) descuidaram ou rejeitaram a perfeição do sistema cristão. Sua linguagem ou seu silêncio dão a perceber, de igual modo, desprezo pela seita em crescimento que, na época deles, se difundira por todo o Império Romano. Entre eles, os que condescendiam em mencionar os cristãos consideravam-nos apenas como entusiastas obstinados e perversos que exigiam implícita submissão a suas misteriosas doutrinas, sem serem capazes de oferecer um

OS CRISTÃOS E A QUEDA DE ROMA   83

único argumento capaz de atrair a atenção de homens de discernimento e de saber.

É pelo menos de duvidar que qualquer desses filósofos tivesse se dado ao trabalho de examinar as apologias que os cristãos primitivos repetidamente publicavam em benefício de si próprios e de sua religião; é contudo muito de lamentar uma causa que tal não ter sido defendida por advogados mais capazes. Eles expõem com agudeza e eloquência supérfluas a extravagância do politeísmo. Apelam para nossa compaixão ao mostrar a inocência e os sofrimentos de seus ofendidos irmãos de fé. Mas quando lhes cumpre demonstrar a divina origem do cristianismo, insistem muito mais nas predições que o anunciaram do que nos milagres que acompanharam o surgimento do Messias. O seu argumento favorito podia servir para edificar um cristão ou converter um judeu, já que um e outro reconhecem a autoridade dessas profecias e são ambos obrigados a, com devota reverência, buscar-lhes o significado e o cumprimento. Mas tal modo de persuadir perde muito de sua importância e influência quando se endereça àqueles que nem compreendem nem respeitam a disposição mosaica e o estilo profético. Nas mãos inábeis de Justino e dos apologistas que o sucederam, o sentido sublime dos oráculos hebreus se evapora em símbolos remotos, em ditos engenhosos e afetados, e em frias alegorias, tornando-se inclusive suspeita sua autenticidade aos olhos de um gentio ignaro, dada a mistura de falsificações piedosas que, com os nomes de Orfeu, Hermes e das sibilas,[39]

39 Os filósofos, que escarneciam as predições mais antigas das sibilas, teriam facilmente discernido as falsificações judias e cristãs, as quais foram tão triunfalmente citadas pelos pais da Igreja, de Justino Mártir a Lactâncio. Depois de terem desempenhado a tarefa que lhes cumpria, os versos sibilinos, como o sistema de milênios, foram discretamente deixados de lado. A sibila cristã havia infelizmente fixado a destruição de Roma para o ano 195.

84   EDWARD GIBBON

lhe eram impingidas como de valor igual ao das genuínas inspirações do céu. O recurso à fraude e aos sofismas na defesa da revelação traz-nos com muita frequência à lembrança a conduta leviana dos poetas que sobrecarregam seus heróis *invulneráveis* com o peso inútil de armaduras incômodas e frágeis.

Como poderemos, todavia, desculpar a negligente desatenção do mundo filosófico pagão aos indícios que a mão da Onipotência lhes apresentou, não à razão, mas aos sentidos? Durante a época de Cristo, de seus apóstolos e dos primeiros discípulos destes, inúmeros prodígios confirmaram a doutrina que eles pregavam. Os aleijados caminharam, os cegos viram, os enfermos foram curados, os mortos ressuscitados, os demônios expulsos e as leis da Natureza frequentemente suspensas em benefício da Igreja. Mas os sábios da Grécia e de Roma desviaram os olhos do impressionante espetáculo e, levando avante as ocupações rotineiras da vida e do estudo, pareceram incônscios de qualquer alteração na direção moral ou física do mundo. No reinado de Tibério, a Terra toda,[40] ou pelo menos uma ilustre província do Império Romano,[41] viu-se envolvida em sobrenatural escuridão durante três horas. Mesmo esse acontecimento miraculoso, que deveria ter suscitado a admiração, a curiosidade e a devoção da humanidade, passou sem notícia numa época de ciência e de história. Ocorreu durante os dias de vida de Sêneca e de Plínio, o Velho, que devem ter experimentado os efeitos imediatos ou recebido as primeiras informações do

40 Os pais da Igreja, dispostos em linha de batalha por Dom Calmet (*Dissertations sur la Bible*, v. III, pp. 295-308), parecem cobrir toda a Terra de trevas, no que são secundados pela maioria dos modernos.
41 Orígenes ad Matth. *c*. 27 e alguns poucos críticos modernos, como Beza, Le Clerc, Lardner etc. querem limitar a escuridão ao território da Judeia.

prodígio. Cada um desses filósofos, numa obra diligente, registrou todos os grandes fenômenos da Natureza, terremotos, meteoros, cometas e eclipses que sua incansável curiosidade logrou compilar. Tanto um quanto o outro deixaram de mencionar o maior dos fenômenos que fora dado a olhos mortais contemplar desde a criação do mundo. Um capítulo específico de Plínio trata de eclipses de natureza extraordinária e duração incomum; ele se contenta porém em descrever a singular falta de luz que se seguiu à morte de César, quando, durante a maior parte de um ano, o disco do Sol mostrou-se descorado e sem brilho. Essa estação de obscuridade, que certamente não se pode comparar às trevas sobrenaturais da Paixão, já havia sido celebrada pela maioria dos poetas e historiadores daquela época memorável.

1ª EDIÇÃO [2012] 2 reimpressões

Esta obra foi composta em Sabon por warrakloureiro/ Alice Viggiani e impressa em ofsete pela Geográfica sobre papel Pólen Soft da Suzano S.A. para a Editora Schwarcz em janeiro de 2022

A marca FSC é a garantia de que a madeira utilizada na fabricação do papel deste livro provém de florestas que foram gerenciadas de maneira ambientalmente correta, socialmente justa e economicamente viável, além de outras fontes de origem controlada.